[日] 梅田悟司 著
袁小雅 译

来自顶级文案人的
思考和表达
强化术

「言葉にできる」は武器になる

好文案会说话

中信出版集团 | 北京

图书在版编目（CIP）数据

好文案会说话：来自顶级文案人的思考和表达强化术 /（日）梅田悟司著；袁小雅译 . -- 北京：中信出版社，2019.6（2021.1重印）

ISBN 978-7-5217-0402-0

I. ①好… II. ①梅… ②袁… III. ①广告文案—写作 IV. ① F713.812

中国版本图书馆 CIP 数据核字（2019）第 071090 号

好文案会说话——来自顶级文案人的思考和表达强化术

著　　者：[日] 梅田悟司
译　　者：袁小雅
出版发行：中信出版集团股份有限公司
　　　　　（北京市朝阳区惠新东街甲 4 号富盛大厦 2 座　邮编　100029）
承 印 者：中国电影出版社印刷厂

开　　本：880mm × 1230mm　1/32　　印　　张：7.5　　字　　数：114 千字
版　　次：2019 年 6 月第 1 版　　印　　次：2021 年 1 月第 2 次印刷
京权图字：01–2019–1690
书　　号：ISBN 978–7–5217–0402–0
定　　价：48.00 元

目录

2 准确加深思考的“思考环”

3
专业人士
“转化语言的过程”

VI

如果有人问你，对树木而言最重要的是什么？
想必很多人都会回答是“果实”。
其实，最重要的是“种子”。

弗里德里希·威廉·尼采
（1844—1900 年）
哲学家

前言

“梅田先生，您是如何创造出颇具传播性的语言的？”

最近，经常有人这么问我。

我好奇地反问他们为什么要这样问后，才发现原来很多人都或多或少地在某些情况下面临着语言方面的难题。

比如，写邮件。写私人邮件时，无法精准地回复，难以用恰当的语言表达出真实的感受，难以将微妙的情绪变化传递给对方；写工作邮件时，不是简单明了，而是反复说明，长篇大论，最后反而让对方看不明白想要表达的重点。

再比如，对话。无论是在工作中还是在生活中，总是很难将自己想要说的话转换成恰当的语言，无法将自己的想法传达给对方，因此得不到对方的理解。还有，突然被问到从未想过的问题时，往往回答不上来，很难和对方顺利地聊下去。

最近我还发现在 SNS（社交网站）上发文的人也越来越苦恼，原来是他们发现网友对自己写的东西反响平平，因此他们渴望通过提高写作能力来提升文章魅力，进而吸引更多的读者。

每当我听到这些苦恼时，通常都会问他们这样一个问题：

“你是否认为语言只是沟通交流的工具？”

听到这一反问后，大多数人都会觉得不可思议，眼睛里直冒出一个大大的“问号”。没错，语言还有另外一个非常重要的作用。

一般来说，语言常被视为表达己见、聆听他意的工具。这就好比传球，人们通过语言将意见这个球传递给他人，以此加深相互之间的理解。

如果再进一步思考的话，你是否也会冒出这样一个问题：

“如果语言是传递意见的工具，那么总要先想出意见

为何才对吧？”

这就是我对开篇问题的回答。

要想创造出“可传播的语言”，首先要重视孕育意见的过程，这一任务，也需要语言来承担。

如果大家能够结合自身的经历，那么理解这一点并不算难。虽然我们使用的语言不尽相同，但在多数情况下，人们都渴望通过用语言进行提问、思考并寻获一个有说服力的答案。也就是说，语言还承担了证明自我存在、面对自我想法、面对自我价值观、深入思考问题的作用。看到这里，想必你的脑海里已经冒出了“是啊”“的确如此”之类的语言了吧！

若想锤炼发言、写文章等时使用的“外向语言”，意识到有利于拓宽思路、深入思考的“内向语言”的存在就必不可少。

“语言只不过是思考的表层而已。”

这就好比，我们说不出未经思考的话，但突然被要求发言时，一不小心又会吐露心声。所以我才会说，不练习思考的话，是很难提高语言水平的。

讲到这里，我想说一下自己的担忧——现如今，世界上形成了一股将语言过分看重为“外向语言”的风潮。

书店里摆满了旨在提升表达力、培养谈话技巧的书籍，一些培训、讲座也大都围绕类似主题。对于那些渴望提升日常沟通能力的人来说，这些应该都是他们求知若渴的信息吧！

可是换个角度来看，就算掌握了这些技巧，真正能够做到的又有多少呢？想必切身体会到“明白是明白了，但就是做不到”的人应该不在少数吧？哪怕真的做到了，也还会有人觉得不对劲，因为脑子里所思所想的语言和说出来的话是不一样的。

在翻看这本书的读者中，有过类似经历的人应该不在少数。可是，引发这种情况的原因，既不在于理解力差，也不在于沟通能力低。

没错，如果你是从头看到这里的，想必你已经找到了答案。

“没有深入的思考，语言是无法单独成长的。”

身为纯正理科男、几乎没有任何阅读经验的我，将通过本书，以大部分人都可以轻松做到的步骤，向大家介绍我是如何通过深入思考创作出打动那么多人的语言的。

虽然我的方法不能立竿见影地提高语言表达能力，但是我能保证的是，掌握了“以内向语言加深思考，然后转化为外向语言”的方法后，你会得到受用终身的“语言能力”。

1
直面“内向语言”

智者说话，是因为他们有话要说；
愚者说话，则是因为他们想说。

柏拉图
（公元前 427—公元前 347 年）
哲学家

用语言评价的时代

表达方式亦有高低之分

即便是“语言”，亦存在许多不同的种类。

既有说话的语言、书写的语言、倾听的语言，也有用键盘输入的语言。

当我们想要向他人表达自己的所思所想时，就需要使用语言。

虽然最近使用表情符号、照片、贴图等表达感情的人越来越多，但是精准、恰当的表达，还是离不开说、写、打字输入等语言。

这时往往容易出现这样一个问题——无论我们怎样优化语言，表达时还是会出现“词不达意”的情况。

如果我们把语言当作沟通交流的工具，那么语言的存在，势必是以说者和听者的同时存在为前提的。所谓“表情达意”，其实是在两者，也就是说者和听者、作者和读者的共同配合下才得以实现的。

不过，虽说是在两者的共同配合下完成的，但是听者、读者等接收方的感受一般是很难预估的。

如果听者是家人、朋友或是关系不错的同事，因为听者与说者之间存在着较为亲密的关系，或许还能期待他们做出一定程度的让步和理解。

但是，在日常生活中，我们与所交流对象之间的关系存在着复杂多变的可能性，甚至经常需要和陌生人进行沟通交流。

所以从这个意义上来说，道理已经很明显了——若想提高沟通交流的准确性，只能从想要讲话的一方入手。

若要对“理解”“未理解”等沟通效果进行细分的话，可以归纳为以下几个阶段：

不理解·误解

压根儿没把话说明白，或是错误表达内容的状态，即说者和听者之间产生认识分歧的状态。在现实生活中，这种问题多表现为“说了，却没听”“问了，却没说”等情况。

理解

刚刚好地传达了所要传达内容的状态，即听者毫无遗漏且准确地接收了说者想要表达的信息。但是，因为这种状态并没有进行更深层次的解释，所以听者往往容易陷入“脑子听明白了，心里却没想明白”的状态。

认可

对于说者所说的内容，听者不但头脑理解而且真正装进心里的状态。与“理解”相比，“认可”更容易让你把对方所说的话视为发生在自己身上的事情。这样一来，当听者听对方说话时，会经常随之产生“原来如此”“的确如此”的情感。

同感·共鸣

在理解所见所闻内容的基础上，听者的内心有所触动且能加上自己独到见解的状态。在这种状态下，听者对于对方的意见、感情感同身受，并且融入了自己的思考，萌生自己是否也能做到的想法，从而采取想要与对方共同完成的行动。

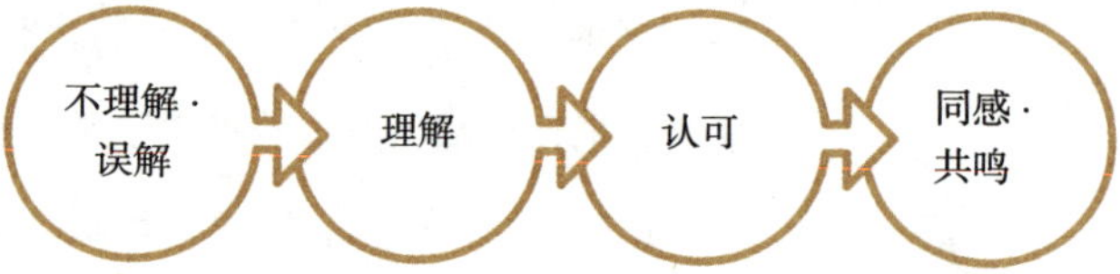

沟通效果的细分阶段

由此我们可以得知,“理解”其实只达到了及格线,“认可”“同感·共鸣”才是交流应该追求的更高境界。不过,想将交流效果提高到这两个水平自然是相当有难度的。

交流方式事关人格评价

与某人谈话、读某人所写文章时的交流方式也属于从“不理解·误解”到“同感·共鸣”中的某一个阶段。

我想请大家回忆这样一件事情。

当你遇到不知对方所云或者对对方所云没有任何感觉的情况时，也就是说，对方与你的沟通交流只停留在了“不理解·误解”“理解”的阶段，而没有达到“认可”“同感·共鸣”的阶段时，你会如何评价对方呢?

恐怕大多数人都不会将评价局限于他的语言表达

上——不只说“他的语言水平真差”“要是他能讲得再好点就好了”之类的话，还会说“他自己都没想好到底要说什么”“他的想法太肤浅了”“他根本没有进行深入思考”等将评价的重点放在他人格上的话吧！

也就是说，人们会下意识地根据对方语言的轻与重、深与浅来评价对方的人格。

大多数人面临的语言难题，几乎都是“无论怎么说，都说不进对方的心里去”“想吸引周围的人加入进来，可是说了很久也无人响应”，等等，虽然能得到理解却得不到认可、同感·共鸣的情况。所以说，语言本身并不是问题的关键，把握不准语言的轻重缓急才是问题的关键。

即便我们掌握了将自己所思所想自如表达出来的方法，但如果所说所写的内容没有改变，反而会更容易让他人产生“听上去像在撒谎”“感觉就是嘴上说说而已”的不良印象。

与此同时，有些话说得不多且不怎么流畅的人，反而会让人产生“这个人说的话挺可信的”“不由自主地就被吸引了”的想法。因此，仅通过提升语言技巧是无法真正改善交流沟通的效果的。

那么，使语言产生理解偏差的壁垒是什么呢？

打破这一壁垒的具体方法又是什么呢？

本书将以解决这一问题的关键，即“内向语言”的存在为主题，通过优化和深化自己脑海中所产生的“内向语言”，来提升语言的分量。

是的，创造震撼人心的语言的重点并不在于锤炼我们所说、所写、所输入的“外向语言”。

你发现“内向语言”的存在了吗

“内向语言”与日常交流中所使用的语言完全不同。它可能是无意中浮现在脑海的感情，也可能是通过自言自语加深思考时所使用的语言，也就是说，我们平时思考所使用的正是“内向语言”。

浮现于脑海的所有感情、想法，都是由“内向语言”产生的。首先，如果你也发现并关注这一点，那么会让身为一切行动之源的思考变得更加丰富多彩。然后，通过对“我现在在思考什么”“我的脑海里产生了什么样的‘内向语言’”等问题的准确把握，自然而然地提升“外向语言”

的水平。如此一来，你的语言将同时具备深度与广度，成为能够获得别人认可的语言。

我做广告文案撰稿人已经十多年了，直到入行的第五个年头，我才真正发现这一点。我敢肯定地说，正是因为发现了这一点，我所创造的语言才发生了质的变化。之所以这么说，是因为这一点不仅使我在工作中创造的语言发生了变化，还使我在生活、工作等场合的沟通能力提升了不少。

需要强调的是，我并没有改变自己所使用的语言，也没有学习任何使用语言方面的技巧。

这一切其实都是我经常刻意关注脑海中浮现的“内向语言”，并且不断锤炼“内向语言”的结果。通过对“内向语言”的打磨，我的思考力不断提升，灵感更是源源不断，浮现在脑海中的语言也愈发拥有质感和深度。

“外向语言”和“内向语言”

用技巧锤炼语言终有限

“我想说出能够抵达对方心灵深处的语言。”

这应该是很多人内心所渴望的理想沟通状态。

想必很多人都曾拿自己和周围擅长沟通交流的人做比较！如今，我们通过 YouTube（美国一家视频分享平台）等视频网站、脸书（Facebook）等社交网站听到打动人心的发言或者看到震撼心灵演讲的机会越来越多，因此也更容易感受到自己沟通能力的欠缺。

当人们感受到这一点时，通常会怎么做呢？多数人往往会向《改善语言的技巧》《沟通不畅！提升语言沟通力的方法》等点明具体改善方法的书籍或培训项目寻求帮助。

其实，身为广告文案撰稿人的我，在很长一段时间内都未能创造出直达人心的语言。或许这对于理科一边倒且不怎么读书的我来说，也是情理之中的结果，所以我也有过一段宛如抓住救命稻草一般，企图通过技巧类书籍提升语言表达水平的经历。

不可否认，书中的信息的确对我起到了一定的帮助作用。但是，我只是理解了书上的内容，却无法让这些内容在实践中发挥真正的作用。

我仔细进行了分析，总结出以下 3 点原因：

（1）虽理解了作为具体方法的技巧，但书中没有明确写出技巧的使用方法，所以读者很难将技巧切实运用在自己所面临的问题上。
（2）将学到的技巧理解为“型”，就容易被“型”束缚，反而变得不自由。
（3）技巧归根结底只是当事人结合自身经历总结出的方法论，对于没有相同经历的第三者而言，会很难理解其精髓。

当我意识到这 3 点时，便决定彻底打消通过学习技巧来迅速提升沟通能力的念头了。取而代之的是，我开始思考“语言到底是什么”这一探寻语言本质的问题。

后来，我得出了一个简单的结论：

“如果语言是传达意见的工具，那么首先需要想出意见。”

也许有人会说，“这算什么答案啊，这不是理所当然的事情吗”，可是对我而言，这可是一个足以挽救我的重大发现。

之所以这么说，是因为当我陷入“语言，说到底不就是个‘东西’吗”“只要创造出能让听者满意的语言不就可以了吗”和“这样真的好吗”“不行，这样是不行的”的纠结时，往往会想要寻找出语言的本质。

自从我得出这一结论后，我才真正感受到“对方想听的是意见，而不是语言”，才真正发现锤炼语言的真正目的究竟是什么。

多数人只意识到了“外向语言”

“如果语言是传达意见的工具，那么首先需要想出意见。”

明确这一前提后，我发现产生语言的过程分为“产生想法”和“将想法转化为语言”两个阶段。

若对这两者进行比较的话，似乎“将想法转化为语言”这一阶段，更容易给人留下较为深刻的印象，让人感知到较为明显的效果。不过，如果失去了前者，即不存在用于转化为语言的想法，那我们又该如何表达语言呢？

这时，我们往往容易把突然浮现于脑海的事情说出来，而无法对对方的问题做出恰当的回答，从而引发与他人之间的不理解、误解，被他人扣上“这人什么都不懂”

的臭帽子。

如果你想避免这种情况的发生，那么首先，拥有能够让自己不断涌出想法的源泉是非常重要的。在此之后，才能进入将想法转化成语言的阶段。

这样的话，你所说的每一句话，才是你人格的真实反映。因此，所谓的“自己的语言”，其实是在拥有持续产生意见、想法的源泉的基础上才得以实现的。

那么，产生想法又是怎么一回事呢？

该怎么做才能产生想法呢？

在这一过程中发挥关键作用的，其实正是我在前文提到的“内向语言”。

人们产生想法时，往往会先用语言提问，再用语言思考，最后用语言得出满意的答案。在这一“思考”的过程中，我们所使用的就是并未说出口的“内向语言”。

比如，当我们想到“咖啡是热的”时，身体会做出相应的反应，与此同时，脑子里也会默念：“好烫”。

当我们想要给邻居家的猫咪拍照时，脑子里也会默默感叹“猫咪好可爱啊”“给它拍几张照片吧”。

当你读到本书的某一句，突然心生共鸣时，脑子里也会默想“的确如此”，而当你对某个内容有疑惑或者难以认同时，脑子里则冒出“不是这样吧”的疑问。

周末无所事事，晃晃荡荡一天过去了，则会不禁在心里嘀咕“真是虚度光阴啊”。

正如这些例子中所提到的那样，即使没有做出说、写、打字等具体行动，我们的脑海里也依然在使用语言。

若能意识到“思考等于产生‘内向语言’”，那么“外向语言”的精度便会产生质的飞跃。理由很简单——将思考时所用的“内向语言”作为原材料，然后以此编制出“外向语言”就可以了。

用“内向语言”孕育想法，然后转换为“外向语言”

“产生想法”“将想法转换为语言”的过程可以按照如下内容来解释：

用“内向语言”产生想法

思考、感知某件事情、某个事物时，下意识地浮现于脑海的语言就是“内向语言”。任何感情产生于心时，都会伴随着与之相符的“内向语言”。

虽然“内向语言”是“外向语言”的核心，但若没意识到这一点的话，是很难发现这两者之间的关联性的。

与自己对话，其实等同于使用“内向语言”开阔思路、加深思考。总而言之，“内向语言”能力不断提升，不断开拓广度、加深深度的过程，也是思考不断深化的过程。

由想法转换而来的“外向语言”

“外向语言”就是我们通常所说的语言。[①]

当自己的想法、思路转化为语言这一形式后，就开始发挥与他人沟通交流的作用——既是自己与他人关系的连接点，也是相互之间表情达意的工具。

与“内向语言”不同的是，“外向语言”拥有接收信息的对象，是通过将信息投递给对方，然后由对方做出反应，再给予自己评价的语言。

① 即我们通常所说的话，指说的内容。——编者注

因为是彼此知晓的，而且也是平时使用的，所以“外向语言”比较容易被人理解。可是与此同时，从不表现于外的“内向语言”往往很容易被人忽视。

但是，“内向语言”又是切切实实存在的。所以，认识到“内向语言”也是一种语言是非常重要的。

浮世绘知名画家歌川广重有一幅名为《名胜江户百景之一大桥骤雨》的作品，据说是全世界首例用线条描绘下雨的作品。在此前的绘画作品中，人们从不直接描绘下雨，而是通过打着伞、穿着雨衣的人物，或者通过积水的路面来描绘下雨的状态。

但是，自从歌川广重的这部作品发布后，用线条描绘下雨的手法就变成了比较常见的表现手法。也就是说，通过歌川广重的作品，人们才发现并认识到“原来雨是如线一般落下来的”。歌川广重并非创造了一种全新的表现手法，而是给人们带来了一个崭新的视野。

虽然对于生活在现代的我们而言，认为雨水如线条一般是再理所当然不过的事情了，但是，在歌川广重用线条描绘下雨之前，人们只能漠然地感叹一句“下雨了”而已。

“内向语言”的存在也是如此。一旦我们意识到“内向语言”的存在，就再也不会对它视而不见了。

孕育“内向语言”，然后将其转换为“外向语言”

正如他人的语言会给我们留下“或轻或重”“或深或浅”的印象一样，通过面对“内向语言”，也可以让我们了解到自己的思考究竟达到了怎样的广度和深度。不过另一方面，虽然我们可以通过锤炼“外向语言”获得语言表达的诀窍，但是无法以此提高语言表达的广度和深度。

进一步来说，如果心情与语言不同步的话，那么语言与行为是不可能一致的。

所以，即便我们因具备高水平的沟通能力而受到周围人的夸奖，但言行之间的巨大差异会让我们遭到更大的批评。仅仅通过技巧、诀窍锤炼语言的做法，其实埋藏着巨大的隐患。

> 不是因为你在思考着什么，而是因为你的脑海中产生了“内向语言”。

直面“内向语言”

抛弃以前的想法

当下意识感知到的“内向语言”开始向自己的思考、观点慢慢接近时，你会发现“原来遇到这种情况时自己是这么想的”“原来自己是这样的一个人”。接下来要采取的重点，就是将想到的、感知到的想法拓宽、加深，然后把它们由脑海中的想法变为可以看得见的现实。

当我们想要把大脑里思考的事情写出来或者说出来的时候，常常会遇到话到嘴边却不知从何说起，或者无法将想法如实表达出来的情况。即使感觉大脑已经充分理解了，即使以为张口就能说出来，我们也还是会出现这种情况。

当我们开始有意识地关注“内向语言”时，会发现脑海中浮现的语言和向外说出的语言之间存在一定的差距。

这是因为脑海中浮现的“内向语言”多为较短的词语或短句，而当我们思考时，特别是自由加入一些条理、含义后，会很容易产生一种错觉——以为“内向语言”与想说的话已经具备了一致性。

明明想思考得更具体些，却总是停留在抽象的层面。

明明想按照相同的思路思考，却走向了相反的方向。

明明想继续往下思考，却一直思考着同样的事情。

这些情况常常发生。

每每此时，当你感觉自己已经想好并随即准备开口说话时，却总是发生前言不搭后语的情况。

可是，正在与你沟通的人的反应往往是冷酷的。当他看到你语塞的那一瞬间，便会暗自断定“这个人根本没有想法”“这个人的思路还没有理清楚”。

无法将想法准确地表达出来，其实与“没有思考到可以用语言表达出来的程度”是一样的。即便你认为自己已经深思熟虑，但只要不能将想法转化为恰当的语言并表达出来，那就无法传达给对方。

正如前文提到的那样，产生语言的过程分为产生想法和将想法转换为语言这两个阶段。所以，要想提升语言表达能力，首先要培养的不是语言本身，而是身为想法的“内向语言”。

这一过程看起来似乎绕了些远路，但从实际效果来看，其实是抄了近道。其原因大致可分为以下两点：

第一，当你开始有意识地注意“内向语言”时，你所使用的语言量会比此前大幅增加。

尽可能地接触更多语言，尽可能地使用更多语言，对于提升沟通能力都是有效的。但是，现实中的对话、书写及打字范围毕竟是有限的。

另外，因为思考事物的过程可以在任意情况下进行，所以无须其他新的尝试，仅仅将自己思考的角度转变为“思考是在发出‘内向语言’”，便能够由此增加所用语言的有效绝对值。

第二，当你开始有意识地注意“内向语言”时，你可以从“不由自主地思考”“以为自己想好了”的状况中摆脱出来。只要你能改变认识，知道“自己正在使用‘内向语言’思考”，那么脑海中含糊不清的事物便会瞬间变得清晰明确，同时找到深入思考的头绪。

而且，所带来的效果不仅能够让人受益终身，见解和想法还会与时间成正比增长——时间越长，效果越显著。

想法越丰厚，语言也自然更具广度与深度，心里也会自然产生“我想把这个想法说出来”“我必须把这个想法说出来”的想法。因孕育想法而萌生的“渴望传达”的动机，对于提升语言表达能力也是很有用的。

人的行为背后，一定存在着与之相应的动机。

若用语言思考的话，“有想要传达给对方的想法”“希望对方充分理解自己的想法”等心情会成为提升语言表达能力的动力之源，为语言增添分量与深度。

当然，闲谈之类的聊天并不需要多么深刻的想法，但根植于内心深处的价值观、思考会默默地影响着所有说出来的话。价值观、思考的不同，才正是“怎么说都让人觉得很有趣”的根源所在。

相反，只锤炼“外向语言”的结果又会是怎样呢？

掌握表达力，或许能够在一定时间取得一定的效果。但是，因为这是一种要小聪明的技术、技巧，所以使用后虽然能让表层的表达方式、传达方式发生改变，却无法影响所表达的内容。

使用这种方法的结果只有一个：使自己变为“说得好听却缺乏实际内容的人”“思考浅薄的人”。

注意，在哪个瞬间，脑海中浮现出了怎样的“内向语言”

那么，现实中，我们到底该怎么做，才能真正培养出想法呢？

具体方法会在第二章的内容中详细介绍，但最基本、最重要的一点是：给自己独处的时间，面对从自己内心深处涌出的“内向语言”。亲自去把握当某件事情发生时，自己产生了怎样的“内向语言”，又是如何理解事物，如何进行思考的。

发生令人悲伤的事情时，我感受到了什么？
发生令人高兴的事情时，我感受到了什么？
回顾过去时，我感受到了什么？
思考未来时，我感受到了什么？
面对困难时，我感受到了什么？
取得成功时，我感受到了什么？
当朋友遇到困难时，我感受到了什么？
当朋友获得成功时，我感受到了什么？

遇到类似上述的情况时，不要用“悲伤”“快乐”等笼统的表达方式来概括内心产生的情感，而要坦然面对脑海中浮现出的复杂情绪，通过语言认识、把握每一种不同的情感。

反复这一过程，可以增加“内向语言”的广度与深度，丰富“内向语言”的词汇量。

无论你知道多么高难度的表达，或者多么美丽的辞藻，只要它们无益于自己情感的表达，那都是没有任何意义的。所以，重要的不是单纯提升外向表达的词汇量，而是提升能够准确表达所思所想、所欲所愿的“内向语言”的词汇量。

从近几年的情况来说，像“可爱”“不妙”这样省略了丰富情感的词语，是比较容易理解的。这些词语用起来的确很方便，但如果仅仅因为方便就大量使用的话，反而会使自己的心弦变得愚钝、迟缓，所以这种情况尤其需要注意。

其实，当我们使用“可爱”“不妙”等含糊表达的词语时，若被突然问到其究竟是何含义的话，多数人应该都会一时语塞，甚至不知道该如何作答吧！如果一直这样下去的话，我们会越来越难以把握自己的感受，越来越难以用合适的语言表达出想法。

所以，希望大家能够多给自己一些独处的时间，回顾、体味自己的感情——从了解自己在何种情况下会想到何种事情开始。如此一来，你就能切实感受到自己内心进行的种种思考，比如“原来我在这个时候会这么想啊”“用这种方式思考或许会得出更好的答案”“下次再遇到类似的情况时，可以试着换一种方式”，等等。

当你开始意识到“内向语言”时，便可以把“自己经常思考的事情”通过“或许应该再投入一些”等倾向、方法的落实变为可能。而且，还能与自己一直没有发现的价值观、人格坦诚相对。

“内向语言”其实就是你的“观点”

即便接触到同样的信息，不同的人从中体会到的感觉，以及产生的内向语言都是不同的。

例如，看了一部相同的电视剧，有的人会觉得某处剧情很感人，而有的人并没有任何感觉。读同样的书，有的人觉得对自己很有帮助，而有的人却觉得它很无聊。

这些感受的不同，可以通过人们的意识、关心度、感受，以及信息敏感度的不同来理解。但是，最根本的不同，其实是每一个人在成长过程中逐渐形成的观点的不同，是由每个人的性格、个性决定的。换言之，对事物的感知方式，其实等同于那个人“放眼观望整个世界的观点”。

所以面对“内向语言”，与面对自己的观点是一样的。而注意到自己的观点，是锤炼、提升“外向语言”，拥有自我表达的出发点。

当你意识到“啊！原来我此时此刻是这么想的”，便会认识到“在这样的情况下，我的脑海中会浮现出这样的语言”，从而了解“这个时候，我的脑海里比较容易浮现出这样的‘内向语言’”，乃至进一步推进思考“我是否可以按照这样的思路思考”。

于是，你开始关注自己的心情，开始了解自己心境变化的细微之处。

对某件事，自己会产生怎样的感情？

随之产生了怎样的“内向语言”？

也就是面对某个输入传递的信息，自己会输出怎样的感情？

认真面对自己的真实情感，不但能改变“外向语言”，还能改变今后的人生。

若做不到这一点，“应有状态下的自己”，便会先于“必须这样做”的真实感受，不断说出表面合理的客套话。若不能突破这些客套话，你说的话将始终处于“像是从哪里借来似的”的状态，缺乏说服力、震撼力。

> 让“内向语言”更具宽度、深度，才是充分思考的真实面目。

从“使人行动”到“人想要行动”——语言响起，人自然行动

说到对方心坎里

为何那个人的话能够打动我？

擅长表达，不擅长表达。

解释清晰易懂，解释复杂难懂。

有认同感，缺乏认同感。

能够引起共鸣，无法引起共鸣。

看了上述种种效果层次后，我们可以发现，是否善于使用语言，不过是能否打动对方的重要因素之一。

当然，表达方式得当，说出的话有分量，能够直接说到对方的心坎里，依然是沟通的理想状态。不过，也有看似朴实寡言、不太机灵的人说出颇有分量且能够打动人心的话语。由此可见，仅具有语言的表达技巧，并不是引发认同感、共鸣的主要原因。

重要的是，语言轻重的程度。

从表现技术来说，的确存在“说重要的事情前空一拍”“放慢语速”“重复表达重点”等方法。但是，这些说到底都只是表达的方法，不会影响说话内容本身。

言语有分量的最大原因在于说者发自内心地讲出自己的真实体验，用心地表达。这会在很大程度上增加所说话语的“贴切感”“肯定度”。所以，在这种情况下，即使使用了非常简单的词语，也能够让对方充分理解，从而深深吸引对方，使其久久不能平静。

总而言之，想法能够增添语言的分量。

一个人的经历、体验，以及由此培养的思考方式是其表达的源泉，而涌自这些源泉的言语中包含的真实感、可信度，会决定其能否打动人心。

另外，想要通过训练提升沟通交流技巧，提升的部分无论如何也都只能停留在语言的表层。若还是让人感觉好像在哪里听到过的话，那么无论你说得再好，对方也只能从中体会到轻薄、肤浅。

若以语言的技巧和分量为轴，可以将沟通类型分为下页图中的几种。请大家参考下图，看一看自己目前属于哪种类型，想要成为哪种类型。

无法“使人行动”

我在广告公司担任广告文案撰稿人的 10 年间，主要的工作内容是和语言打交道。通过电视广告、报纸广告、网站广告等广告组合，提升产品、服务的知名度，让更多人产生购买欲望，这是我们广告人的职责。

为了达到这一目的，我们会开发一些信息媒介。这时，客户会要求我们制作能“使人行动”的广告。

可是，我首先想在此断言的是：“使人行动是不可能实现的事情。”

更准确地说，我们只能打造出让人变得“想要行动”，乃至“主动行动起来”的氛围。

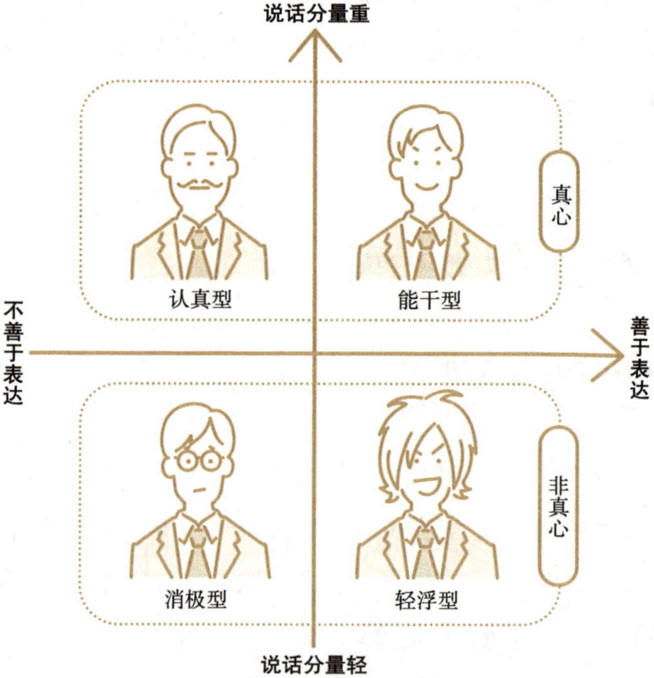

沟通的类型

“使人行动”与“人想要行动”是两种完全不同的情况。前者“使人行动”是自己按照他人的意愿行动，有较强的被迫性、强制性；后者“人想要行动”，则是按照自己的意志行动，具有较强的自主性、主动性。

创作了《小王子》的法国著名作家安东尼·德·圣－埃克苏佩里，曾通过下面这句话来描述“使人行动”与“人想要行动”的不同：

若想造船，没必要把男人们召集到树林里，给他们分工，命令他们干活，只需告诉他们浩瀚无边大海的存在即可。

大声讲述产品的卖点、优势，用好听话宣传，或许可以传达出产品的魅力所在，但若想以此鼓动他人购买，恐怕还是颇有难度的。因为如果不是顾客真正发自内心地认为“想要”“生活中需要”的话，他们是不会购买的。

这不仅仅适用于广告，还适用于说服家人、爱人，鼓舞朋友等情况。

在语言中，重要的不是“使人行动”的力量，而是能够激发出“人想要行动”的力量。如果不能激发出主动性，那么无论你如何要求对方，如何希望对方按照自己的想法行动，结果都是徒劳的。这么做对你来说或许是好事，但对对方而言仅仅是徒增烦恼而已。

而且，你越想让对方行动，对方的心便会锁得越紧。

于是，你便会更加用力地想让对方行动。试想一下“北风和太阳”[①] 的关系，应该更容易理解其中的道理。

想摆脱这一恶性循环的方法只有一个，那就是铭记“使人行动”是不可能实现的，只能想办法打造出能够激发“人想要行动”的心情和氛围。

若不能打造出激发对方想要行动的氛围，人是不会行动的

---

① 《伊索寓言》中的一则故事，旨在告诉人们“温和的说服胜于蛮横的武力”。——编者注

每一个人，都是饱含各种感情生活着。这和自己的感受类似，如果对方的情感没有变化，那么他就肯定不会做出与之相应的行动。也正因为如此，我们能做到的不是抛出表层的语言，而是真真正正地站在对方的立场说话。

听到这样的话时，对方才能首次感知到信息的价值，从而产生兴趣。正如安东尼·德·圣–埃克苏佩里所说的那样，不是要求对方去做自己想要对方做的事，而是让对方的内心泛起涟漪，产生想要去做某事的欲望。

拥有、分享目标，人心才会动起来

“传达信息”与“使人想要行动”之间存在着差距。

我认为，产生这一差距的原因在于是否能够分享目标。

若想分享目标，没有坚定的目标是做不到的。此外，无论是“传达”还是“流传”，都需要分享其中的目标。

是否拥有目标、愿望，与到底能多么认真地对待自己想做的事情密切相关。

一方面，人们都愿意相信认真做事之人所说的话，并且愿意向他提供帮助。另一方面，当听者感觉到说者只是嘴上说得好听，实则只考虑自己，“拼命希望别人配合自己”时，便会敏感地发现说者言语之间隐藏的真实目的，就会一下子关上自己的心门。

若想要别人理解自己的想法，就必须认真思考且真正相信这一想法；若想要别人帮助自己，就必须明确希望达成的目标和这么做的原因。

要想对自己的想法充满坚定的信心，深入的思考是必不可少的。为了做到这一点，我们需要有意识地关注自己的“内向语言”，反复回味自己的思考，不断自问真正想做的事情到底是什么，想要达成的目标到底是什么，并不断做出回答。

类似“用这种方式表达的话，可以把周围的人都牵扯进来”这样的说话技巧，已经在社会上泛滥成灾了。但是说到底，这些方法都只不过是能让沟通顺利进行的工具而已，它们对于拥有目标以及分享真正的想法并无任何帮助。

此外，考虑到对方的立场，我不得不说这不但是用技巧让对方上当的失礼行为，而且会限制说者对对方情绪的想象力。

而且，从分享的角度来看，仅仅内容的传达并不能够实现志向的分享，即使你在没有引起对方情绪共鸣的情况下获得了对方的帮助，那也算不上真正实现了分享。

只有当听者产生了和自己一样的心情，真正把这件事当作自己的事情来看待时，才算真正实现了分享。

若想实现这一点，不能仅传达“做什么”“为什么做”这些基本性的内容，还需要明确指出“为什么会发自内心地那么想”“这么想了以后，打算怎么做”“为什么会邀请你一起做”等更为具体的价值观的内容。

总而言之，要把自己的感受毫无保留地表达出来，传达给对方。

其实，那些震撼心灵的演讲、打动人心的发言，都充满了说者哪怕倾注整个人生都渴望将其做到最好的认真姿态。锤炼语言，不是从增加词汇量、丰富知识储备开始的，而是从关注“内向语言”——一边用“内向语言”加深思考，一边了解真实的自己——开始的。

不能单纯增加思考的时间量，而要增加正确面对“内向语言”的量，也就是思考的量，这样才会产生真心想要传达的内容，语言也才会发生真正的变化。

有句名言叫“细微之处见精神”，语言也是一样的，也可说为“细微之处见想法”。因为语言只是人的一种行为，而所有的行为来源，都包含着当事人特有的想法和动机。

重点在于要会把握自己的思考和想法。表达想法时，既不需要复杂的语言，也不需要好听话，更不需要华丽的辞藻。真正打动人心的语言，是说话人认认真真且心怀使命感，调动人生中体会到的全部情感后，自然流出的拥有温度的语言。

> 我们不能“使人行动”，但能创造出“使人变得想要行动”的氛围。

最后，“会说”将成为你的有力武器

不能完全理解的话，是无法用语言表达出来的

将想法转化成语言并表达出来的行为看似简单，实则

很难。

举例来说，要想概括总结会议内容，就必须理解会上发言的所有内容。只按照发言顺序报告的话，算不上概括总结；只报告结论的话，又会让人不明白得出结论的来龙去脉。

介绍自己看过的电影、读过的书籍，讲述发生在自己身上的事情也是一样。不知道该从何讲起，或者本想挑一些重点内容来说，可一讲起来又收不住，想必大家都有过类似的经历！

之所以会发生这些情况，是因为你自己并未充分理解所讲内容的整体面貌。如果充分把握了整体内容，那么应该不会发生过度或肤浅概括“到底讲了什么内容”的情况。

与之相同的是，对方真正想听到的，既不是抽象的概述，也不是过于具体的细节，而是简单地说清楚“到底讲了什么内容”。要想简单明了地讲出来，就必须深入了解所讲的内容，充分把握整体的情况。

那么，我们在阐述自己的想法时，必须深入了解的内容是什么呢？

正是自己的心情、想法。

因此，当你想表达自己的想法时，就算能当即组合脑海中浮现出的语言并且讲出来，听者也未必能够理解你想说的到底是什么。

所以需要我们做到的，无疑就是深入了解“内向语言”了。

希望大家停止随意、含糊的思考，把脑海中浮现出的碎片转换成语言，然后组合起来，将欠缺的部分补充完整，构成完整的内容。重复这样的过程，可以使“内向语言”变得鲜明，使思考变得更有深度。

不过，我们不能一开始就期望出现多么显著的效果、变化。如果你满怀信心地决定“充分把握自己的思考”并且非常努力地去做，但是倘若没有坚持下去的话，你一定会因为“自己明明很努力却还是做不到”而垂头丧气，使好不容易燃起的热情被浇灭。

所以，不要想着一口吃个胖子，先做好第一步，有意识地关注“内向语言”，并使之变成一种习惯。

当你通过这一训练，养成了思考“内向语言”的习惯以后，便可以进入下一步——增加“内向语言”的词汇量。虽然达不到集腋成裘的地步，但是细微效果、变化的积累是实现这一步的唯一方法。

当你拥有了丰富的“内向语言”表达词汇时，便可以开始锤炼“外向语言”了。这一步，会帮你掌握受益终身的沟通力。从你今天看到此书并意识到“内向语言”的存在开始，你或许已经迈出了至关重要的第一步。

若不能完全理解的话，是讲不出来的

养成持续有意识地锤炼“内向语言”的习惯很重要

集中注意力锻炼本为潜意识的“内向语言”的行为，与锻炼肌肉有着相似之处。经证明，在进行肌肉锻炼时，如果能有意识地注意自己想要锻炼的那部分肌肉的话，那么将会大幅提升锻炼效果。

英国心理学会曾发布报告称，如果锻炼时不能做到有意识地去关注自己想要锻炼的那部分肌肉，其他部位的肌肉就会发力，从而产生反作用力，最终导致锻炼效果减弱。这就好比本来是为了锻炼某处特定部位的肌肉而举哑铃，可是最后举哑铃的行为反而变成目的了。

持续意识“自己正在锻炼这块肌肉”，把所有精力集中在这块肌肉的伸展与收缩上，才能达到最好的锻炼效果。

若能持续意识“内向语言”，那么在你能够发现自己独有的观点之前，并不需要太长的时间。于是，你能够自然而然地认识到“原来自己的脑海中浮现出了这样的语言”，从而了解自己的思考习惯，以及思考内容，并且常常发现“正在窥视自己所思所想的另一个自己”的存在。

然后，不要对浮现于脑海的语言置之不理，哪怕只是一个词语，也要拿一张便条或一张纸写下来，使想法可视化。由此，你会发现自己欠缺考虑的地方，以及未能充分表达自己想法的地方，也许你还会深切地感受到自己的想法太普通、太一般了。关于这部分内容的具体方法，我会在下一章详细介绍。

若能够切实按照这些方法去做，加深思考，使“内向语言”顺利地转化为“外向语言”，那么你说出的话自然会变得能够打动人心，得到对方的认可并引起共鸣，让对方真正感觉到“这个人的确深思熟虑过了”“这个人确实在讲述自己的真实感受”。

2

准确加深思考的“思考环”

人是思想的产物，

心里想的是什么，就会变成什么样的人。

莫罕达斯·卡拉姆昌德·甘地
（1869—1948 年）
律师、宗教人士、政治领袖

提升“内向语言”的分辨率

语言只是思想的澄清剂而已

语言既包括会话、发邮件等时候使用的“外向语言”，又包括思考事物时潜意识使用的“内向语言”。

提起语言，人们往往容易想到的是身为沟通工具的“外向语言”，但事实上，对于提升语言表达效果来说，丰富、加强“内向语言”才更为重要。

这一“内向语言”是人思考事物时在脑海中使用的语言，在推进、拓宽、加深思考等方面发挥着重要作用。

大脑处于杂乱无章的状态，换言之，大脑填满了“内向语言”。因此，若能用发出“内向语言”来理解大脑思考事物这一举动，也就能客观地把握自己的大脑中究竟在发生什么了。

“内向语言”变得丰富，意味着“外向语言”的原材料变得更加充足。也就是说，培养“内向语言”，可以自然而然地提升“外向语言”。

反过来说，若不能加强“内向语言”的话，就无法提升“外向语言”。这是因为语言只是思考的澄清剂而已。

我在本书第 1 章重点讲述了意识到“内向语言”存在的意义。因为我认为只要能发现以前未曾发现过的事物，就已然非常有价值了。

但是，好不容易换了一种方式，通过脑海中产生、发出“内向语言”的状态，重新认识了思考、想法等曾经虚无缥缈的东西，若没能以此为契机锤炼、提升“内向语言”的话，未免有些太可惜了。

所以，在本章的内容中，我想介绍一下究竟该如何提升“内向语言”。

从结论上来说，提升“内向语言”只有一个方法，那就是在思考的同时，一定要强烈地意识到自己正在发出“内向语言”，然后把脑海中浮现出的“内向语言”写出来，并以书面语言为轴，丰富它的深度和广度。

我将通过本章内容，将平时在大脑中进行的思考过程做可视化解释。

因为“内向语言”是眼睛看不到的，所以即使你只想在大脑中思考，也很容易被主观牵着走，结果不是使大脑陷入混乱，就是使人反复思考同样的事情。如果只是在脑海中思考，那么无论你花多长时间，都不可能将思路梳理清楚，也不可能加深思考。但是，若增加一步写下来的动作，那么思考的内容就能以可视化的形式展现出来，思路的梳理也会更容易。

提升“内向语言”的分辨率

若想提升表达自己想法的“外向语言”的水平，充分把握身为原材料的“内向语言”并丰富其深度和广度是很有必要的。将这一过程解释为提升“内向语言”分辨率的过程，会更容易理解些。

分辨率是表示图像、照片等精细程度的数值。若把整个图像想象成是一个大型的棋盘，那么分辨率就是所有经线和纬线交叉点的数目。因为智能手机、电脑、平板电脑在表示显示屏性能时，都会用到分辨率，所以大家对于这个词应该不陌生！

用图表示分辨率的话，正如下页图所示。大家应该很容易看明白，左图表示的是分辨率较低的状态，右图表示的是分辨率较高的状态。虽然显示的是同一个字母 A，但分辨率较低时，字母会变得凹凸不平，只能让人勉强识别出这是字母 A。但是，如果分辨率较高的话，图就能够清晰地显示出字母 A 的形状——无论谁看到，都能一目了然地识别出这是 A。

提升“内向语言”的分辨率

下面，我们尝试从分辨率的角度来理解“内向语言”。

如果“内向语言”的分辨率处于较低状态的话，就会使思考、感情变得模糊不清，难以准确把握自己此时此刻的感受与思考。

另外，“内向语言”的分辨率越高，自己思考的问题、想做的事情也会变得越清晰。也就是说，这时我们能够更加准确地把握自己想说、想写、想输入的内容。

“内向语言”的分辨率，亦可理解为对自己想法把握到什么程度的指标。

例如，当你产生“高兴”“悲伤”“快乐”的感情时，如果只是单纯地感受到了而已，那么这时就只能处于“内向语言”分辨率较低的状态。如果不仅仅是停留在感受的阶段，而且以“内向语言”为线索寻找出引发种种感情的根源，那就可以提升“内向语言”的分辨率了。

这些加深“内向语言”深度，拓宽“内向语言”宽度的做法，才是提高“内向语言”分辨率，提升“外向语言”表达力的有效方法。

语言是表达自己想法、情感的工具。所以，如果不能准确地理解自己想说的是什么，就不可能使语言表达力得到真正的提升。

当然，通过了解更多的词语来丰富词汇量，学习、掌握表达技巧也是很重要的。但是，了解再多的词语，也并不意味着你就一定能准确地表达出自己的想法，罗列出再多美丽的辞藻，也并不意味着就能为所要表达的内容增添深度。

其实，真正能够让人感同身受的语言、文章大多是用简单的词语写出来的，或是用谁都知道的词汇表达出来的。所以，词汇量、表达技巧或许有助于提升沟通能力，但并不能说它们与沟通能力有着直接的联系。

通过本章介绍的方法，提升能够恰当表达出内心情感的“内向语言”的词汇水平，提高大脑的分辨率，你才能切实地感受到自己说出的“外向语言”自然而然地有了“体温”。

总而言之，重点在于身为“外向语言”原材料的“内向语言”。

当你能够清晰地认知情感时，语言自然会变得更具张力。

用“思考环”准确地加深思考
——提升内向语言力的全身思考法

看似在思考，实则在回忆

头脑一片模糊，不知道自己到底在想什么。在这种情况下，“外向语言”往往会缺乏连贯性，使人不能准确地说清楚自己的想法。

这些情况基本上都是由大脑中填满了彼此重叠的“内向语言”，以及模糊不清的思考所导致。

重点在于，强烈地认识到思考的行为，是大脑中发出“内向语言”的过程。此外，还需要注意一个事实，那就是在你想要加深、拓宽思考的时候，思考可能不会如愿地向前推进，而只是让你回想起过去的记忆。

说起为何会发生这种状况，我认为将大脑分为记忆区域和思考区域来解释的话，会更容易理解。

大脑可大致分为两个区域：记忆种种经历及感受的记忆区域和思考新事物的思考区域。用电脑来比喻的话，记忆区域就是软件和保存数据信息的硬盘，而思考区域就是负责数据处理的 CPU（中央处理器）。

因为思考这一行为需要转动大脑，所以是在思考区域进行的。但是，电脑中的 CPU 是无法单独工作的，因为它经常需要与硬盘交换数据信息。与此相同的是，人在思考的时候，也是一边调动自己的回忆，一边进行思考。也就是说，“思考完全没有进展”的状态，其实就是你想用思考区域进行思考，却在记忆区域原地打转的状态。

那么，到底该怎样做，才能让思考向着正确的方向前进呢？

答案很简单，那就是将记忆区域的一切暂时拿出来，形成一个能够专注于思考的环境。

为了做到这一点，首先要做的便是把脑海中浮现出的“内向语言”写下来，然后以写出的“内向语言”为基轴，开拓、加深思考就可以了。

若没有经过这一阶段的话，会很容易陷入看似在思考，实则在回忆的恶性循环。这样一来，花费再长时间，思考也只是在同一个地方原地打转而已。

我想，有许多通过“向别人倾诉来排解烦恼”的人！其实，他们这样做就是为了把脑海中浮现出的“内向语言”表达出来，从而给大脑腾出思考空间、思考余地。

这里的重点，不在于把脑中想的事情“说”给谁听，而在于把跳出脑外的自己“分离”开来，也就是先强制性地把“内向语言”表达出来。

如此，便可清楚地区分思考与记忆，从而集中精力推进思考。这时，你会发现“原本想不明白的事情其实是这样的啊”。

给自己安装一个“思考环”

①认识到思考不是虚无缥缈的东西，而是“内向语言”。

②用俯视的目光观察“内向语言”。

③集中精力推进思考，提高“内向语言”的分辨率。

这是我加深思考时使用的方法。

我认为一边联想自己目前所面临的具体问题及担忧，一边读取的话，会更容易理解这一方法。

比如，毕业找工作时面临的“自己想做的工作到底是什么”，还有“该向顾客提交什么样的方案”，抑或是心灵叩问“我究竟是一个什么样的人”，等等。

本章将以我刚才提到的三个阶段作为“提升‘内向语言’的‘思考环’”，来进行说明。

第一个阶段，就是把在脑海中打转的“内向语言”写出来，赋之以形，然后合并同类项，了解自己的思考习惯，以及经常出现的思考方向，发现自身思考中的不足。

一旦大脑被烦恼、思考填得满满当当的话，就会失去思考其他可能性的空间。所以，把现在想的事情，也就是浮现在脑海中的“内向语言”写出来、从大脑中拿出来，便可以为大脑腾出新的思考空间。

第二个阶段，是以第一个阶段输出的思考碎片为原材料，进一步拓展、加深思考。

因为第一个阶段只是“内向语言”可视化的过程，所以只列举出了自己在这一范围内能够想到的内容。

所以，若能以此发现思考中过窄、过浅的不足之处的话，就能够进一步推进思考。如果只是停留于在脑海中思考问题的状态的话，就会失去加入客观观点的余地，难以捕捉到其中的疏漏。

第三个阶段，则是通过引发“化学反应”，让思考达到自己平时难以企及的层次。我会介绍一些具体的方法，比如大胆地反向思考，比如如果不是自己而是特定的某个人的话，会如何思考。

但是，在此之前，为了能够让自己冷静地看待自己的思考，给自己一些时间是非常重要的。虽然仅仅通过把脑海中的“内向语言”写出来就可以把握自己的客观性思考，但是，若能空出一定时间的话，效果会变得更为显著。

反复地按照这一“思考环”思考问题的话，不但能够丰富“内向语言”的词汇量，还能在此过程中慢慢提高“内向语言”的分辨率。

于是，你开始能够深入地思考事物，让思考有了厚度。与此同时，你的“外向语言”也就自然而然地变得更具深度和分量。

提升“内向语言”，不是通常所说的丰富词汇量和语法，而是真正地提升语言能力。

此外，明白了自己到底在思考什么，为什么思考，以及思考到了什么地步，然后，当我们想把思考转化为“外向语言”，或者用于沟通的语言时，也会变得非常容易。

这是因为当你意识到“内向语言”的时候，你自然会按照对方易于理解的方式表达。

让自己养成关注“内向语言”的习惯，这正是灵活自如地用“外向语言”表达出自己真实情感的捷径。

所谓充分思考，既不是长时间地思考，也不是要征求别人的意见，反复和别人商量。但如果你只是想充分思考的话，那么无论花费多长的时间，你的脑海里也依然是一团糨糊，烦恼也会始终挥之不去。

若不能抓住问题的本质，直面自己真正烦恼的、想解决的事情的话，那么你能够触及的将永远只是问题、烦恼的表层而已。

或许你时常陷入为思考没有进展、怎么找都找不出答案焦急不已，结果致使思考停滞不前的恶性循环之中。

所以，以玩游戏的轻松心态应对这一过程的话，或许会更有效果。因为越认真，身体、内心会越僵硬、越紧张，越无法自然而然地写出“内向语言”。

希望大家能够一边想象自己面临的各种问题，一边适应并掌握“思考环”的窍门。

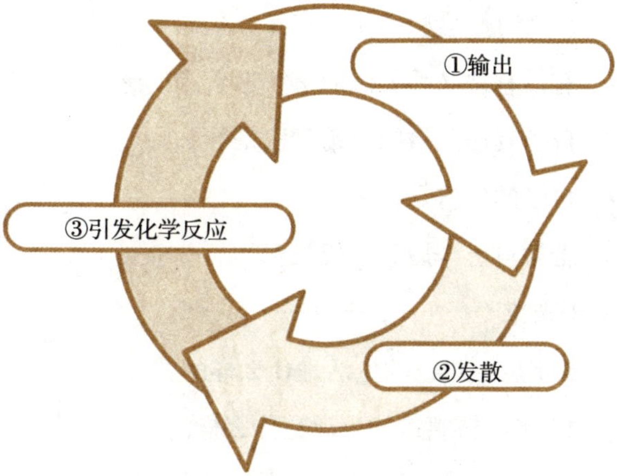

给自己安装“思考环”

在心里设想某个问题

通过想出自己目前最想解决的问题来把握自己真正在思考的事情是什么，从而推动思考的进行。

脑子里浮现的内容，大致可以分为以下几个方面：

关于自己

- 对自己而言，最重要的是什么？

- 什么时候会感到比较充实？
- 有没有被必须要做的事情追着跑的感觉？
- 自己真正想做的事情到底是什么？
- 自己的优势是什么？
- 希望自己今后如何成长？

关于未来

- 5 年后，想过的生活是什么样的？
- 10 年后，想过的生活是什么样的？
- 30 年后，想过的生活是什么样的？
- 有没有理想的生活方式？
- 将来，你想做成什么样的事情？
- 人生的终点是什么？

关于人际关系

- 为什么想要提升沟通交流能力？
- 有没有可以讲真心话的朋友？
- 有没有你不擅于接触的人？
- 你希望和同事、上司保持怎样的距离？
- 你觉得自己是八面玲珑的人吗？
- 你有喜欢或讨厌的人吗？

关于恋爱

- 你喜欢他（她）身上的哪一点？
- 你喜欢的人是如何看待你的？
- 有没有容易让你喜欢的异性类型？
- 你希望和恋人建立一种怎样的关系？
- 你和恋人之间的关系发生了怎样的变化？
- 你对结婚是怎么看的？

关于工作

- 你喜欢现在工作的哪些地方？
- 你讨厌现在工作的哪些地方？
- 你感受到了超出工资以外的价值了吗？
- 你希望如何推进手头的工作？
- 你想提升哪方面的能力？
- 今后你想做什么样的工作？

关于就业、换工作

- 你对什么样的工作感兴趣？
- 你对哪个行业感兴趣？
- 你为何觉得那家企业很有魅力？
- 你希望如何运用自己的经历？

- 今后你想做什么样的工作？
- 你儿时向往的职业是什么？

通过设想自己面临的具体问题，慢慢养成按照 7 个步骤思考问题的习惯。需要提醒的是，如果你在不设想任何问题的情况下理解这几个步骤的话，那么相关感受会大打折扣。所以，希望大家能够先明确自己最想思考的主题。

按照 7 个步骤思考完一个主题后，可以换一个主题，但以同样的方式进行思考。这样做，不但可以让你充分了解自己思考问题时的毛病所在，还可以让你亲身感受并掌握思考问题的正确方法，使“内向语言”的分辨率得以提高，“外向语言”的表达力也会自然而然地增强。

接下来我要介绍的 7 个步骤，既是我平时梳理思路使用的方法，也是我一边写广告语，一边仔细检查的方法，还是我推敲广告企划书时实际使用的方法。虽然会有一些细微的差异，但我接触到的多数创意工作者、市场营销人员也都在使用类似的方法，所以我敢保证该方法对多数人而言，绝对是非常有益的。

接下来，我将按照 7 个具体步骤来解释说明“输出”

“发散”“引发化学反应”这三个阶段。

这 7 个步骤是：

①把脑子里想到的话写下来。

②用“T 字形思考法”推进思考。

③把相同的分为一类。

④发现、补充不足之处。

⑤空出一段时间，搁置问题。

⑥反向思考。

⑦从不同人的角度思考。

输出：把脑子里想到的话写下来

从把它们全写出来开始

比如，你从现在开始新想一件事情。

于是，心里接连浮现出一个又一个新的“内向语言”。如果你继续花些时间思考的话，就会进入回想往事及当时所思所感的阶段。再继续思考的话，就会达到令自己满意的程度，心想“这下可算想好了”。

那么，当你尝试着把自己想好的事情说出来时，才发现尽管自己已经想了那么多，却还是什么也说不出口。我想有过这种苦恼的人应该不在少数！

其实，陷入这种情况的原因大致可以分为以下3点：

（1）误以为“脑子里装了很多想法＝考虑好了”。

（2）当思考继续往下进行时，会忘记刚开始想了什么。

（3）没有发现思考是碎片式且杂乱无章、缺乏条理性的。

明白原因后，就该知道如何对症下药了。

解决这些问题的最有效方法，就是写下来。

把脑海中的所有想法都写下来，让想法成为有形之物，这样有助于把握自己的思考程度——既不用刻意记住自己的想法，也不用担心继续思考时“会不小心忘记好不容易想过的内容”。而且，因为你可以客观地俯视自己脑海中的所思所想，所以也就可以发现自己的想法到底是如何因缺乏条理性而呈现出碎片化状态的。

只需关注自己的想法并把它写下来，便可以解决（1）~（3）中的所有问题。

写下的内容，无论是以单词、句子，还是文章的形式都可以。如果硬要把想法都写成文章的话，就会刻意地想把文章写好，刻意地使思考更具条理性，反而不利于得出真实的想法。如果已经习惯了，那么有意识地写成文章倒也是可以的；如果还没有习惯，那么在浮现于脑海的“内向语言”消失前，把它以最真实的方式写下来就可以了。尽量与“内向语言”的浮现速度保持一致，不间断思考、不放过任何一个想法才是最重要的。

当然，这些写下来的内容并不是用来拿给别人看的，只是7个步骤的开始而已。所以，它们没必要拥有逻辑性或者清晰的脉络。

只要它们能满足你回头看时，明白自己写的是什么、能够回忆起当时的心情就可以了。

A4纸能成为你的武器

记性再好的人，也有记不住的事情。尤其是在进行思考这一细致作业的时候，因为新的想法会此起彼伏地冒出来，所以要想通过记性把它们都记住是不可能的。

如果把脑海想象成一张桌子的话，上面这段话会比较容易理解。

一张擅长整理的人的桌子，往往容易让人在一件事情上集中注意力，而一张杂乱无章的桌子，则很难让人集中注意力。

脑海这张桌子的大小也因人而异，有宽大的，也有狭小的。但是，并不是桌子宽大了就好，狭小了就不好。

问题的关键在于，你是如何使用自己脑海中这唯一一张桌子的。

首先要做的，是将桌上摆放的所有“有形、无形的文件”转换为相同的格式后，梳理整齐，给思考腾出空间。

所谓“有形、无形的文件”，其实指的是脑海中浮现的一个又一个想法。如果只是随意地面对这些想法的话，那么这些文件的形式可能是照片、幻灯片、文字，抑或是一张只涂了颜色的纸。

这些文件散落在桌子上的状态，就是我们思考问题时脑海里的状态。但是，冷静一想，便会明白，我们在多数情况下满足的只不过是桌子上堆满东西的状态，而不是桌子上摆放的文件的品质。

如果我们能把思考理解为正在发出“内向语言”的状态的话，就可以把摆放在桌子上的文件统一为语言这一相同格式，从而使处理变容易很多。这便是进行第①个步骤——把脑海中的想法写下来——的意义所在。

其实，书写“内向语言”时，我不建议使用像笔记本那样连在一起的纸页，而是推荐使用 A4 纸大小的单页纸。

既可以是单张的 A4 纸，也可以是写完后可以轻松撕掉的便笺。用打错字的 A4 纸的背面书写，也是完全可以的。因为最后还要调整每一页纸的顺序，并且依据内容分为不同的小组，所以统一把纸页横着放并且横向书写，能够便于后续使用。

书写时，不要用铅笔、圆珠笔等书写线条较细的笔，最好能使用类似水性记号笔等笔头较粗的笔。我建议大家用这种方式写下想法的原因，主要可以概括为以下 3 点：

首先，把自己的想法全部写下来，摊开放在桌子上以后，就可以以俯瞰视角观察自己脑海里的想法了。如果用笔记本书写的话，那么纸页的正面和背面都写上了内容，最后就无法把它们都摊放在桌子上。

此外，从第②个步骤往后，需要根据方向性对写有“内向语言”的纸页进行分类、调整、补充等操作，所以一开始就使用单页独立的A4纸会比较便于后续使用。

其次，这种方式节奏好，易于顺畅书写。如果脑海中浮现的是词语，那就在这一张纸上写下词语，然后换下一张；如果脑海中浮现的是文章，那就写下来，然后再换下一张。每次都能以崭新的心情迎接下一张纸，以顺畅的节奏接二连三地写出想法，这也是非常重要的。

因为笔记本的习惯用法是自上而下地书写，如果反其道而行的话，总会让人不太舒服，而且硬把脉络不清的句子、文章按照从上至下的顺序书写，也会让人别扭难耐。加上人脑思考的事情大多是看似连贯、实则不连贯的碎片，所以会无意中被顺序、次序扰乱了思绪。

如果是单页纸的话，完全可以写完之后再调整顺序，即使写错了，也可以立刻换张新的纸重新写。这样的话，就可以集中精力面对脑海里浮现出的“内向语言”了。书写时，能够不去在意顺序、次序、是否正确、是否连贯等，才是最为重要的。

最后一点是可以把字写大。

我刚成为广告文案撰稿人时听到的第一句话就是“文字的大小，与信心的大小成正比”。仔细一想，还真是那么回事。充满信心的内容，字体往往也会写得比较大；缺乏信心或是不确定的内容，字体往往容易写得比较小。

如果用笔记本来写的话，就会自然而然地按照笔记本上的线格写小字，所以写在笔记本上的内容，看着容易让人感觉缺乏自信。

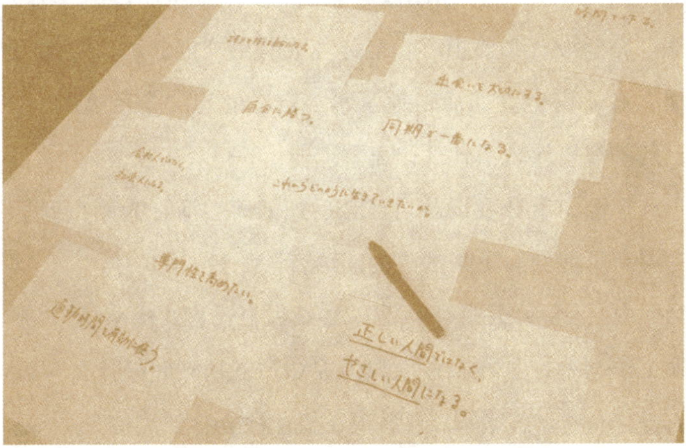

在 A4 纸大小的单页纸上写下“内向语言”

认知“内向语言”的行为是非常纤细敏感的。如果脑海里掠过了哪怕一丝“这是真的吗”的怀疑，也会立刻影响认知效果，导致认知无法顺利进行。所以，满怀信心地用大字写出脑海中浮现出的内容也是很重要的。

管他三七二十一，先写出来再说。就算觉得浪费纸，还是要写。因为每一张纸都将成为你真实想法的化身，了解自己，才有可能提升“内向语言”。

刚开始写的时候，可能会出现什么也写不出来的情况，但这只是因为你还没有掌握意识“内向语言”的训练。完全没有必要担心。当你养成写出“内向语言”的习惯以后，也会更加清晰地了解“自己的想法是什么”“自己的脑海里浮现了什么语言”。

下面，就让我以“自己今后想如何生活”为例，列举一些有可能会写下来的“内向语言”吧！

“自己今后想如何生活”“继续做自己喜欢的事情”“兼顾工作与爱好”“在事业上取得成功”“成功到底是什么”“做有益于他人的工作”“但是，我想让社会感到震惊”“不是做好一名员工，而要做好一名社会人”“不能偷懒，要不断提升自己”“成为一个令自己感到骄傲的人”“必须说好英语啊……”“必须获取相应资格”“想提高专业度”“成为同期入职员工中的第一”“战胜自己”“挤时间”“不能喝多，参加完第一场聚餐就回家”“拥有一个幸福的家庭”“珍视每一份相遇”“保持联络”“努力做一个善良的人，而不是正确的人”“挑战和他人不一样的事情”“再忙也要找时间见朋友”“不要整天只玩手机”“有效运用上下班时间”“衣着得体”“哪怕一件事也好，努力取得成功”“坚持就是胜利”“成为龟兔赛跑中的乌龟”“为以后的生活存钱”……

仅在这里列出的，就已经有 30 个了。就像这些例子一样，即使前后没有逻辑关系，即使偏离主题，也都没有关系，重要的是把脑海里浮现的内容如实写下来。

没有足够空间的话，可以用便笺与笔记本相结合的方式来书写

接下来要做的，就是一边把写有“内向语言”的 A4 纸摊开，一边进行整理，进一步加深思考。如果没有足够空间容纳摊开的 A4 纸的话，我推荐大家使用便笺与笔记

本相结合的方式来书写。

这种方法不是直接把“内向语言”写在笔记本上，而是先写在便签纸上，然后再贴到笔记本上。当你写满意了以后，就一边俯视便签上的内容，一边将其分组并贴在另外准备的 A4 纸上。这样就可以在节省空间的同时，落实“思考环”。

若从各自分担的作用来说，便笺是碎片式的“内向语言”，笔记本是临时的储存场所，A4 纸则是分类场所。

虽然方法略有不同，但应该做的事情是一样的——写下来、发散、引发化学反应。

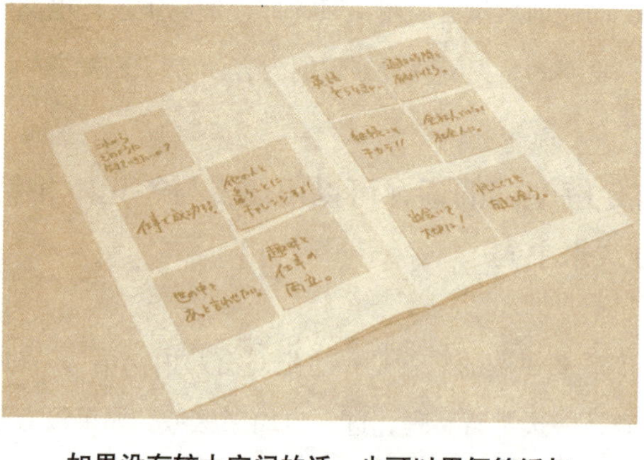

如果没有较大空间的话，也可以用便签纸与笔记本相结合的方式书写

总而言之，只要能按照自己喜欢的方式完成这一系列过程就可以了。

> 姑且把想法写下来，为大脑腾出空间，才能为思考留出余地。

联想和深化：用“T字形思考法”推进思考

反复思考“为什么”“所以呢”“真的吗”

写出脑海里浮现出的“内向语言”，使它变成看得见的实物。

看似容易的操作，等到真正尝试去做了以后，才会发现其中的不易。仅仅把脑海中无形的“内向语言”变为有形的文字就已经挺有难度了，加深思考、拓宽思考范围比写下“内向语言”还要更难。

按照第①步写出“内向语言”后，就要开始推进思考了。所以，你也可以把第①步理解为提升“内向语言”过程的起点。

所以，在第①步中，你完全没有必要思考“这样做真的好吗”“其实我压根什么也没想出来”“真是太丢人了”等结论，只要尽情地发散思考就可以了。

反过来说，也就是从第②步往后的所有步骤，缺少了第①步这个出发点都是无法完成的。

第②个步骤，是通过“为什么”“所以呢”“真的吗”这三个关键句发散“内向语言”、提升“内向语言”分辨率的具体方法。

“为什么”“所以呢”“真的吗”这三个关键句，能帮助思考朝不同的方向推进——“为什么”能深入挖掘思考,“所以呢”能向前推进思考，“真的吗”能让你重新审视思考。

因为用图来表示这种思考方法的话，会呈现出以第①步得出内容为中心的 T 字形扩散的思考方式，所以这种思考方式被命名为“T 字形思考法”。

下面，我想介绍一下每个关键句的具体效果。

“为什么”：深入挖掘思考

通过反问自己“为什么会那样想”“‘内向语言’浮

现出来了吗”来加深思考。不断地靠近自己内心思考的根源，以及内心深处的价值观。

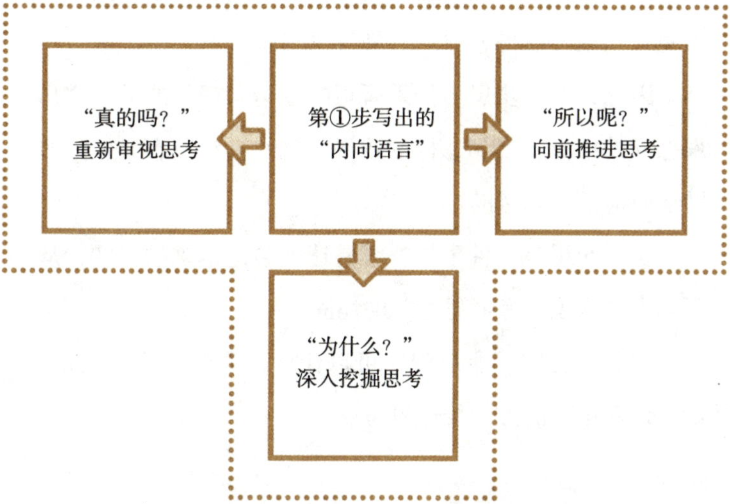

促进联想与深化的“T 字形思考法”

思考事物时，人往往很容易停留在只思考表层内容的阶段。反复思考“为什么”，可以帮助你想到更为抽象、更为本质的问题。

因为是深入挖掘第①步写出的“内向语言”，所以把这个过程想象成一层一层地向下深化思考会比较容易理解。

“所以呢”：向前推进思考

“所以呢”的后面往往隐藏了一些内容，比如“所以呢，我想说的究竟是什么”“所以呢，我到底想怎么做”“所以呢，究竟会取得怎样的效果”，等等。

因此，进一步思考如果所想的事情实现了的话，会出现怎样的结果，得到怎样的效果，到底有没有意义，是有助于向前推进思考的。

长时间思考一件事情，容易让人忘记本来的目的，从而陷入“为了思考而思考”的怪圈。

因此，自问“所以呢”可以让你回想起本来的目的，帮助你朝正确的方向推进思考。

“真的吗”：重新审视思考

对自己思考的事情持有疑问，是为思考“这难道不是客套话吗”“这真的是自己的真心话吗”“这么做真的有意义吗”铺路，有让自己恢复冷静、重新审视思考的效果。这么做，可以让你有精力往之前没有考虑过的方向思考问题。

思考问题的时候，人们往往在不知不觉中对一件事情钻起牛角尖，陷入目光短浅的误区。为了避免这种情况发生，当你思考到一定程度的时候，适时地反问自己“这是真的吗”，能够为你创造用更为广阔的视野看待问题的契机。

如果在还没怎么思考问题的时候，就反复询问自己“这是真的吗”，那么将很有可能把好不容易浮现在脑海的“内向语言”给“吓跑”，所以要尤为注意。当你觉得思考走进死胡同或者停滞不前的时候，倒是可以尝试一下这种方法。

在前文列举的“自己今后想如何生活”的诸多例子中，出现了“在事业上取得成功”这句话，所以我想以这句话为轴，试着解释“T 字形思考法”。

首先，当我用第一句“为什么”深入挖掘思考时，脑子里会浮现出“既然做了，就要认真做好”“不能输给同期进入公司的人”“想获得认可”“想升职”“希望突破自己”“希望变得更有信心”等“内向语言”，再把它们一句一句地都写下来。

然后，当我用第二句“所以呢”向前推进思考时，脑子里则浮现出“想把社会变得更好”“努力让顾客满意”“希望获得公司内部的认可”“希望下一份工作也很好”“想提升职业技能”“希望自己变得出色”等“内向语言”。

最后，当我用第三句“真的吗”重新审视思考时，脑子里则浮现出“话虽如此，可是我也想拥有自己的时间”“不只是工作，我也想要照顾家庭”“比起成功，我更想做好一份工作”“时而失败也是正常的”等“内向语言”。

通过朝这三个方向推进思考，我们可以更加清晰地了解自己内心的想法。认真地感受每一句话，让思路还原至自己的本心才是最重要的。

要经常有意识地了解自己思考的抽象程度

在反复实施“T字形思考法”的过程中，你的思路会变得越来越宽，想法也会变得越来越有深度。虽然思考能够不断向前推进是好事，但与此同时，也有一件必须要注意的事情。

那就是不要“在思考中迷路”。

我们以第①步写出的“内向语言”为轴，用第②步中的“T字形思考法”反复思考“为什么”“所以呢”“真的吗”，以此刺激大脑，让大脑不断产生新的“内向语言”。

为了不放过任何一句“内向语言”，你不停地书写、思考，再书写、再思考，这样一来，反而会让你忽略“自己现在到底在思考什么”“接下来必须思考什么”，陷入目的和手段颠倒的状态。

我们本来的目的是，使用“T 字形思考法”提高“内向语言”的词汇量和分辨率。但是，这种做法反而让“T 字形思考法”变成了目的。

而且，当你不经意间冷静一想，便会发现自己根本不知道究竟在为了什么而思考什么，甚至会陷入完全不知道自己身处何方，应该往哪个方向思考的窘境之中。这就是“在思考中迷路”了。

防止自己在思考中迷路的有效办法是，经常有意识地了解自己思考的抽象程度。

抽象程度是横贯于具体与抽象之间的基轴，是衡量自己目前正在思考的是具体性问题，还是更接近于抽象理念问题的标尺。

之所以说把握抽象程度很重要，是因为在思考中迷路的情况，多发生在一股脑儿钻进具体问题而得不出结果时，也就是当视野变得过于狭窄、短浅的时候。因此，当自己将要迷失思考方向的时候，主动提高思考的抽象程度，思考更为贴近理念的内容，就可以让思考重回起点，打开变窄的视野，清楚自己目前身处的位置。然后再从重回的位置发散思考，提升思考的广度、深度就可以了。

越是认真的人，越容易在思考中迷失方向，所以这一点尤其需要注意。

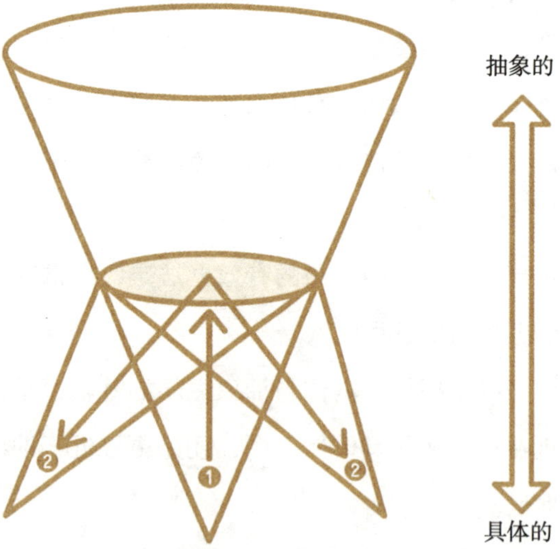

注：①提升抽象程度；②重新思考。

经常意识到自己正在思考内容的抽象程度

分组：把相同的分为一类

俯视观察“内向语言”

接下来的一步，是整理通过第①步写下来的，以及第②步发散思维得出的内容的阶段。

依据几个大方向，对散落在大脑这张桌子上的文件资料进行分类，然后由此看出自己思考问题时是如何只朝着某一个问题钻牛角尖的。

有时你会发现自己明明想思考不同的事情，事实上却思考了相同的事情；有时明明感觉是自己的思考停滞不前，事实上却是因为出现了似是而非的观点。

虽然第①步和第②步都是深入靠近自己内心的、既细致又颇为主观的步骤，但第③步就不是这样了，必须尽可能地做到客观。

所以，在合并同类项的分组操作中，一定要尽量站在局外人的角度分析理解通过第①步和第②步写出来的内容。因为如果总是跳不出“这是自己写的”这一圈子的话，就会对面前的语言产生超出语言之上的沉迷与执念。

我们首先要做的事情非常简单——那就是一边翻看纸上的内容，一边把你认为“这个不太一样”的内容挑出来，分成几类，把相关的放在一起。

我们并不知道最终会产生几组，也不知道每一组会有多少张纸——通常每组的张数都是参差不齐的，有时甚至会出现一组有 30 张，而另一组只有 1 张的情况。不过，因为这种情况是思考问题时的习惯带来的，所以完全没有必要在意“这一组的张数这么多啊”“怎么没有不同的小组出现”，只需心无杂念地分组即可。

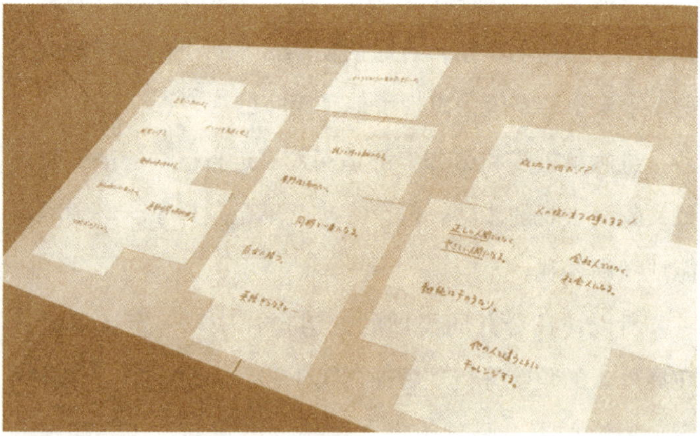

给写出的“内向语言”分组

给所有纸页分完组后，拿出张数最多的那一组，也就是考虑内容最多的一组，再次进行分类。因为这时你已经通过前一次的分类了解了所有内容的大致情况，所以再次进行分类，可以帮助做出类似“这句‘内向语言’更适合分到另一组”“这句观点与其他都不太一样，或许可以新分一组”等更为客观的判断。

进行 3 次分类、检查的步骤后，就基本可以做出正确的分组了。只进行一次分组的话，很难达到俯视全局的程度，所以希望大家最少反复进行 3 次分类、检查。

意识到横轴和纵轴

接下来，就要进入一边意识方向性，一边调整顺序的步骤了。

这时，若能把方向性分为横、竖两轴的话，会更容易整理。

具体来说，首先把分好类的、每两个纸堆中间留出一定的空隙，由多到少地从左至右依次排好，也就是把属于不同观点的内向语言横向排列开来。

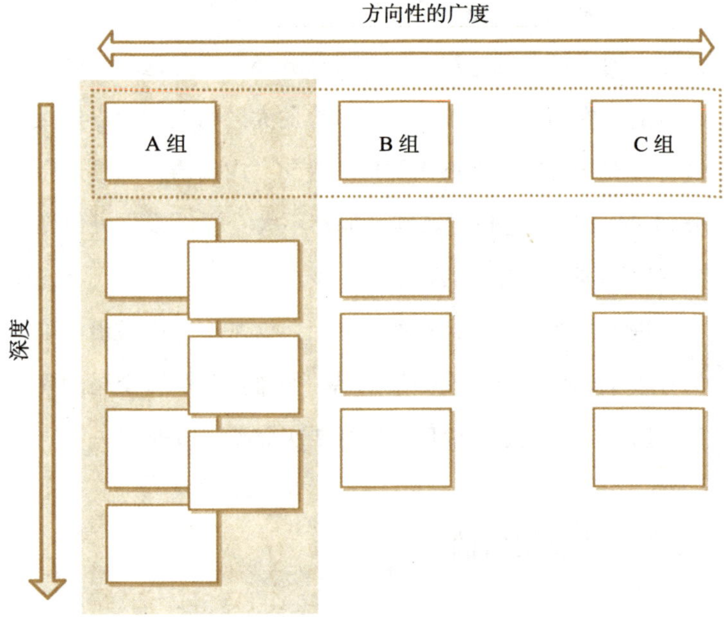

意识到横轴和纵轴

然后，把每一组纸页单独拿起来，进一步细分其中相似的部分，把最贴近内心真实想法的、最真切感受到的内容，由上至下依次叠放。

通过这两步摆放整理以后，就可以掌握自己思考问题的广度和深度了，而细分的网格越小，也就越能提升“内向语言”的分辨率。

对纸页进行分类时，希望能尽量使用较大的桌子。在公司办工时，可以使用会议室的桌子；在家思考问题时，可以使用餐桌或者地板。

也可尝试用透明胶带贴在墙上的方法。需要注意的是，用这种方法时也要像在桌子上摆放时一样，意识到横轴和纵轴，尽可能按照相应的顺序摆放整齐。此外，因为贴在墙上的方法可以让自己与纸页保持一定的距离，所以能够让自己从物理性角度更为客观地看待纸页上的内容。这也是这种方法的优势所在。

给每一组纸起一个名字

分组的最后一步，是给每一组起一个名字。

这么做的意义在于，通过给之前脑海中冒出的含糊想法取名字，可以使思考变得更为清晰具体。想出新的组名以后，不但可以使自己之前的想法变得更加明确，还可以为进一步加深思考指明方向。

起了组名以后，就会受到组名的刺激，从而如同连锁反应一般，产生“原来我还考虑了这件事情”“这还真不失为一种可能性”等“内向语言”。

在这个过程中，最重要的是身为起名方法的命名法。

用我刚才举例时提到的“自己今后想如何生活”来说，就出现了“公司的事”“自己真正想做的事”“自己的发展”“想成为那个自己想要的模样”“下一步”“人际关系”“工作和个人生活”“升职”等分类方向。

若以恋爱为例的话，则横向列出“喜欢什么样的人”“想一起做什么”“对方的条件”“自己的优点”“自己的缺点”“恋爱和结婚”“相遇的地点”等内容。

进行概括总结时，只需一边参考整体情况，一边起一个临时的名字就可以。因为在下一个步骤，也就是第④个步骤中，需要对考虑不充分的地方进行补充，所以到时候再确定组名也是可以的。

只要这一步能避免“看似不同，实则类似”的重复性名称出现就可以了。下面，我想列出一些可有效避免重复的分类方法，请大家在横向分类时进行参考。

时间轴：是过去的事情、现在的事情，还是未来的事情？

人称轴：是自己的事情，还是对方、他人的事情？

事实轴：是真实的事情，还是想象出来的事情？

愿望轴：是想做的事情，还是应该做的事情？

感情轴：希望发生，还是担心发生？

制订出这些基轴，不仅可以更为全面地把握自己思考的整体情况，还可以帮助你发现自己思考中的不足之处。

开阔视野：发现、补充不足之处

有意识地关注横轴，开拓思考

明明想思考得更广泛些，却总停留在同一件事情上，原地打转。

明明花了那么长时间，思路却还是局限在那么狭窄的范围之内。

俯视脑海中的“内向语言”，不禁产生上述感叹的人，想必有很多吧！

也正因如此，大家就更没必要为此而消沉了。

因为人常常只在自己的“墙壁”里思考问题，所以思考的方向性，也常常以“思考的毛病”这一方式呈现出来。因此，只要我们能了解思考中存在的毛病，从客观的角度发现思考中的不足之处并且拓宽、深化思考的话，这些问题也就能迎刃而解。

重要的是，在完成①～③步后，通过发现、补充所写内容中的不足之处，进而提升“内向语言”的分辨率，并通过拓宽横轴、纵轴，提升“内向语言”的密度。

若想做到这一点，首先要做的就是有意识地关注、考虑不够充分的方向性，也就是横轴。

例如，当我们面对恋爱问题时，如果“内向语言”分组中关于“自己到底有多喜欢对方”的内容比较多，那我们就可以通过加入“考虑对方的感受”“自己可以为对方做些什么”等方向来拓宽思考范围。这样的话，我们就可以从只考虑自己、对对方非常不满的情绪中走出来，试着改变自己与对方的相处方式。

再如，思考对客户的提案时，如果满脑子都是客户的产品、服务的话，那么写下来的“内向语言”，也很有可能大部分都是与产品、服务相关的内容。

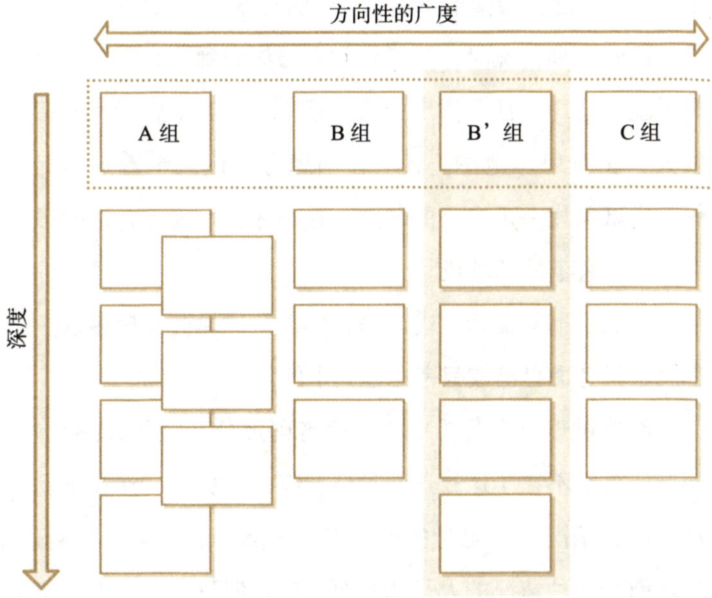

通过发现新的方向性来加深思考

这时，如果站在实际使用者的角度思考产品带来的便利性、好处，以及使用感受的话，就可以产生新的思考方向。若能再考虑到该产品、服务能给社会带来怎样好处的话，就能进一步拓宽思考范围了。

找工作、跳槽时，如果只是一味地思考自己的应征意愿、优势的话，那么将很容易被“表现自我”的想法牵着走，这时，往往会偏重于思考自己的实际工作经验和经历。

遇到这种情况时，只需将“自己能做到什么”与“这么做能为公司、社会做出什么贡献”结合起来思考，就可以大大拓宽思考范围。还有，当思考被优点牵着走的时候，尝试关注一下自己的缺点，这时你会发现综合性的思考才是所有事情的动机。

尝试写下并梳理“内向语言”以后，你会发现多数人都属于只考虑自己或只考虑他人中的一种。

前者过于以自我为中心，后者则过分在意他人感受。问题的关键不在于比较这两种情况哪一种更好，而在于发现这两种情况都有思考的侧重点。虽然一上来就能平衡、处理前后两种情况的人是非常罕见的，但只要能认识、接受“自己的不足之处”，偏重的情况就会发生很大的改变，使你自然而然地考虑自己曾疏于考虑的方向。

因为写在 A4 纸上的内容，就是自己思考过程中产生的“内向语言”，所以若能发现横向、纵向思考中的不足之处，并且加以适当补充的话，就会自然而然地反映在“内向语言”上。

有意识地关注纵轴，加深思考

延伸完横轴之后应该做的事情是，在每一个方向性的基础上加深思考，也就是有意识地关注纵轴，加深思考的一步。

当你发现身为思考广度的横轴存在不足之处时，便会感到“自己之前的确没有考虑到这个角度”，从而产生想要进一步深入思考的想法。

但是，请忍耐一下，先集中精力拓展思考广度。

虽然拓展思考和加深思考从同为思考行为的角度来说，似乎是相同的，但是这两种思考的方向性是完全相反的。拓展思考，是以俯视角度纵观整体，而加深思考，则是集中精力靠近一件事物的本质。

如果你好不容易得以用广阔的视野俯视事物时，又立刻回到纵轴展开具体思考的话，会使你刚被打开的视野瞬间变得狭窄。所以，一心延伸横轴、拓展思考才是上策。

我的做法是，在完成第①~③步后，我会一心延伸横轴的长度，从列举、补充其中所欠缺的方向做起。当我认为横轴延伸到足够的长度后，才会首次开始一边注意纵轴，一边加深思考。

用纵轴加深思考，分为针对第③步发现欠缺思考方向的横向加深思考，针对第④步新产生方向的纵向加深思考。

前者，也就是针对第③步在分类后发现欠缺思考方向的横向加深思考，拿出纸页最厚的一组进行即可，此步操作中需要使用到“T 字形思考法”。

通过自问“为什么”，探究更为根本性的内容。

通过自问“所以呢”，展开更为具体的思考。

通过自问“真的吗”，确认是否为真心话、本质。

虽然从操作方法的角度来说，第②步和第④步中进行的“T 字形思考法”是相同的，但是所取得的效果却是完全不同的。前者是自由自在地在脑海中引发连锁反应，后者则是沿着分组后的某一个方向、概念加深思考。

接下来，就要进入对新产生方向的深入思考了。

因为这是对之前没有想到的方向进行思考，所以可能会比之前更为顺畅地浮现出“内向语言”。这时，需要我们做的事情只有一件，那就是尽量在不影响思考速度的前提下，迅速书写“内向语言”。

另外，面对未知的思考方式时，大脑有时也会出现转动不起来，思考陷入停滞的状态。遇到这种情况时，就算你认为某些话没有写下来的价值，也要把脑海中浮现出的“内向语言”全部写下来。然后以写在纸上的内容为轴，通过反复自问“为什么”“所以呢”“真的吗”进行“T字形思考法”的思考。

这样一来，你才有可能遇到能让自己感觉“确实还有这样一种思考方式”“我之前还真没考虑到这种可能性”的“内向语言”。

目标达到不重叠、不遗漏的状态

意识到横轴和纵轴的存在以后，就可以在提高“内向语言”分辨率的同时，提高思考的密度。

我此前介绍的第①~④步，与能够做到“不重叠、不遗漏”地分类信息的MECE分析法相同，被视为实施逻辑思维的基本准则。

MECE，是Mutually Exclusive Collectively Exhaustive缩写，意思是“各部分之间相互独立，所有部分完全

穷尽”。

这一分析方法之所以能够成为逻辑思维的基本准则，是因为在模糊思考阶段通常都会产生大量的重叠或遗漏。

当然，我们没必要完全达到MECE所鼓励达到的“不重叠、不遗漏”的完美状态。但是，通过执行第①~④步，我们可以认识自己思考中的重复、遗漏之处，从而实现更具广度、深度的思考。

若能由此提升大脑分辨率的话，那么我们说出的“外向语言”也会随之变得更加清晰明确。

增加横轴、纵轴上的格数，提升大脑的分辨率。

确保客观性：空出一段时间，搁置问题

从那个问题中离开的作用

通过落实第①~④步，自己不仅可以了解大脑是如何思考问题的，还可以拓展视野。

接下来要做的，就是什么也不做。不是推进下一步，而是空出一段时间，搁置问题。

因为总考虑一件事情的话，思考会在无意识的过程中变得狭窄，使人无法在冷静的状态下思考问题。

大家知道“盯着看的锅煮不熟饭”这句欧洲谚语吗？

这句谚语的字面意思是，做饭时，一直站在锅前盯着锅看，锅里的东西好像是煮不熟的，实则指的是当你集中注意力在别的事情上后，再突然回过神一看，竟发现锅里的米饭瞬间煮熟了似的状态。

虽然这句谚语说的是做饭，但对于我们遇到苦恼、难题时的启发作用也是很大的。它带给我们的启发是，在充分思考完某个问题之后，搁置一段时间不去想它，让思考自然而然地沉淀。

所以，在完成第①～④步以后，我建议大家先放下这个问题，让它搁置一段时间。

因为搁置了一段时间，所以当你再重新思考这一问题时，大脑仿佛被重新激活了一样，不但能够让你更为客观地思考问题，还能让你发现在实施①～④步的过程中出现遗漏的地方。

时间的长短，可以以 2~3 天为准。在此期间，一定要把注意力放在其他事情上。

如此想来，我们可以把①～④步理解为第一次思考，然后搁置一段时间，再进行更为深入的第二次思考，再把这两次思考理解为一整套思考。在进行第二次思考时，也就是实施第⑥步以后的步骤时，若能够进一步推进思考，就达到较为理想的状态了。

偶遇惊喜发生的瞬间

当人集中精力思考完某一件事情后，会在做其他完全无关的事情时，因获得某些有利信息而突然在脑海中浮现出先前思考问题的答案。

例如，有天早上一睁眼，发现自己起晚了，于是慌慌张张地起床、洗漱，准备出门。这时，你突然发现手机不见了，于是一边心想着“怎么偏偏在这个节骨眼上玩失踪”，一边在房间里拼命地寻找。找着找着，一个月前怎么找也找不到的戒指突然冒了出来，不禁纳闷“咦？明明以前找过这里，为什么当时没有发现呢”。

于是你重新调动了过去的记忆，回想起戒指丢失的那天自己认真在此处寻找的情景。但另一方面，手机却依然不见踪影，只能眼看着时间一分一秒地流逝。

再如，你在从公司或学校回家的路上，或者买东西回家的途中顺道经过一家书店，决定去里面转一圈。因为是自己常去的书店，所以当你按照熟悉的路线走向自己最感兴趣的杂志区时，途中突然被看到的某本书的名称深深吸引，于是停下了脚步。

这本书只是笔直地立放在书架上，并没有被平放。你把它拿下来，随手翻看了“序言”和“目录”，发现上面所写的内容，恰好能为自己解决目前所面临的问题带来很大的启发。

“我以前怎么没发现这本书呢！”

你一边在心里琢磨着，一边径直走向收银台结账，然后加快脚步回到了家中。

再举个例子，不会说英语一直是一件令你感到自卑的事情。虽然你一直想要好好学习英语，但因为日常生活太过忙碌而迟迟没有付诸行动。

几年后，你终于有了一次长假，决定和朋友一起出国旅行。这时，你曾经想要学好英语的念头复苏了，心想“要是当时好好学习英语的话，这时就能派上用场了”。

你边琢磨着这件事情，边准备回家，突然发现公司附近开了一家英语会话培训班。

“咦？这是最近新开的吗？”

你带着疑问，走进英语会话培训班询问，才得知这家培训班几年前就已经开业了。因为离公司近，很方便，你当即决定报名入会，每周接受一次英语会话培训。

想必在各位读者朋友中，有过类似偶然发现经历的人，应该不在少数！

我们把这种没有刻意寻找却在不经意间发现某件事物的能力称为“Serendipity”（巧事，机缘凑巧）。该词在日语中多翻译为“计划性的偶然性”。从具体解释来看，也就是“被计划的偶然”的意思。由此可见，这并不是单纯意义上的偶然。

当试着进一步深入挖掘“被计划”的部分时，你会发现其可以称为“因日常生活中的问题意识和行为提升了对于信息的潜在敏感度，以及发现力的状态”。也就是说，无意识中的意识赋予了眼前发生的现象以意义。

经过第①～④步以后，你就立起了一根针对自己思考主题的“天线”，自然而然地提升了对该主题的敏感度。所以，当你翻看杂志、浏览网页、乘坐地铁的时候，会根据“五感”接收到的信息，瞬间解决先前的问题或由此获得启发，心想“原来我思考的问题可以这样解决啊”“或许真应该试一下这种方法”，等等。

但是在刚刚完成第①～④步的时候，因为你的脑子像刚大量运动完一般，处于活跃状态，所以很难产生突破。空上几天以后，让自己进入看似忘了，实则没有忘的潜在状态，这反而容易发生视野被瞬间打开的情况。

搁置问题的期间，应该将注意力转移到其他自己必须要做或必须要思考的事情上。

因为当你投入地做其他的事情时，脑海里会浮现出完全不同的“内向语言”，所以有助于给大脑带来新的刺激。这一刺激，可能为集中注意力关注在某一件事情上的大脑带来很大影响。

所以，不要着急地进入下一个步骤，越是着急越要特意空出来一段时间，搁置思考，这一步也是非常重要的。

逆向思维：反向思考

明白自己的常识是成见

把问题搁置一段时间后，应该做的事情是第④步——“发现、补充不足之处”。因为大脑此时已处于归零状态，与刚完成充分思考的时候相比，能够更为客观地发现思考中的遗漏。

随后要做的就是下一个步骤——尝试进行反向思考。

归根结底，第①～④步只是把自己脑海中浮现出的“内向语言”写下来，然后拓宽、加深思考的过程。也就是说，这几步都是在“自己所具有的常识范围内”进行的。而通过第⑥步反向思考，可以让思考驰骋到“自身常识未曾考虑过的内容”“无法考虑到的内容”“企及不到的内容”上。

在多数情况下，自己所了解的常识只是存在于自我世界中的常识，与他人的常识存在不一致的情况。诺贝尔奖得主阿尔伯特·爱因斯坦曾直截了当地揭示了所谓常识的真实面目，他说：“常识是一个人十八岁之前积累下来的所有偏见的集合体。”

正如爱因斯坦的这句话所揭示的那样：自己的常识，只是在自身所处的成长环境下形成的常识，对他人而言，有可能是反常识。所以，或许称这种“常识”为成见更为贴切。

总而言之，进行反向思考，能够帮助自己“从自身的常识、成见中跳脱出来”，半强制性地拓宽对其他世界的思考。

把反向思考理解为对自己此前生命中未曾发生情况的思考过程，或者对非连续性事情的思考过程，或许比较容易理解。

反向思考也分为不同类型

那么，反向思考究竟是一种什么样的思考呢？

或许大家对反向的印象是“反向＝否定”，事实上，否定只是反向轴上的一部分而已。反向的类型不同，反向思考的具体方法也不同。

否定的反向

否定是最容易理解的反向类型。

因为只要能找出“不是〇〇”的内容即可，所以这种反向很容易理解。比如，

会：不会

想做：不想做

喜欢：不关心，讨厌

强：弱

赞成：反对

……

意义的反向

这种反向不是否定，而是朝相反含义的方向推进思考。

如果把否定的反向理解为反义词的话，那么意义的反向则可理解为“对义词”。比如，

想做：必须做

希望：担忧

真心话：客套话

工作：玩，家庭

过去：现在，未来

……

人称的反向

站在不同人的角度思考问题，思路也会随之拓宽。

这种反向，可以有效地帮助我们从以自我为中心式的思考方式中抽离出来。比如，

我：对方，第三方

主观：客观

认识的人：没见过面的人

一个人：多数人

朋友：敌人

……

这三种反向思考，能够帮助我们拓宽思考范围，探寻

出自己未曾考虑过的其他可能性，还能强制性地帮助我们翻阅自我思考这面壁垒，激发我们产生新的想法。

因为在实施这一步时，也需要动手把想到的内容写下来，所以还有提升“内向语言”、开拓思考范围、丰富多样性、提高思考韧性的作用。

如果因此产生了新的方向性，也就是新的横轴内容的话，那就按照之前的步骤，依据新方向进行深入的纵向思考。经常反复进行这一“拓广”“加深”的过程，有助于提高“内向语言”的分辨率、词汇量以及密度。

若以“自己今后想如何生活”为例，则可以进行如下反向思考：

在工作上取得成功：不求成功但求从事好的工作

想让社会感到震惊：做更贴近每一个人的工作

不能偷懒，要不断地提升自己：在工作过程中提升自己

想提高专业度：行行出状元

成为同期入职员工中的第一名：不与同期入职员工比较，与自己比较

不能喝多，参加完第一场聚餐就回家：在喝酒的时候搜

集所需信息

坚持就是胜利：用爆发力取胜

运用否定的反向、意义的反向、人称的反向，可以有效地发散思维，拓宽思考范围。

多视角思考：从不同人的角度思考

如果是他的话，他会怎么想？

当你能够对自己的常识、成见提出质疑，并能够运用反向思维思考问题时，就可以进入站在不同人的立场思考问题的阶段了。第①～④步是使“内向语言”可视化的过程，第⑥步是让思考拓宽到此前未企及范围的过程，而第⑦步，则是站在某个特定的人的角度，设想他会如何思考某件事、某个问题。

比如站在恋人的角度思考，如果是他，他会怎样想；在工作中制订方案时，站在上司、客户等角度思考，如果是他，他会如何做，等等。

当然，我们不可能完全变成另一个人。但是，想要变为另一个人的想法，能够帮助我们拓宽思考的广度，所以希望大家能够尽情地发挥想象力思考。运用这一思维方式，你不只是站在自己的角度，而是站在多个角度，更为全面地分析、认识问题。

实施这一步骤时，尽可能联想出更具体的人物则会更有效果。因为想象“如果是他的话，他会怎么想”“如果是她的话，她一定会这么想”这些具体情况，有助于推进思考。

“从你的立场来看，你是正确的；从我的立场来看，我是正确的。”

这是歌手鲍勃·迪伦说过的一句话，明确强调了不要只站在自己的角度，还要站在对方的角度思考问题的重要性。

思考人际关系、恋人关系时，应该站在对方的角度，体会对方脑海中可能浮现出的“内向语言”。

如果是工作方面的问题，则可以尝试站在上司、下属、同事，或者客户、合作方的角度，思考他们是如何边思考、边工作的。

如果是关于自己未来的问题，则可以站在家人的角度，或者站在未来有可能遇上的爱人的角度去思考。如此的话，思考的范围才会无限扩大！

通过第⑦步的多视角思考，可以在自身“内向语言”的基础上，增加自身以外的其他“内向语言”，实现更为全面的思考。

我在思考广告企划、文案的时候，经常站在不同人的角度思考问题。

首先，我会从自己的角度开始思考。具体来说，我会尽可能地抛开策划人、文案撰稿人的身份，强烈地意识到自己只是一个普通人，思考自己眼前的产品、服务，罗列出自己关于“为什么买”“为什么不买”“哪里好”“哪里不好”等问题的真实意见。

但是，至此为止，我只得到了一份信息样本，所以接下来，我会站在另一个人的角度继续思考。

比如，平时正在使用该产品、服务的主要顾客。思考他为什么一直选用该品牌的产品，他认为该产品或服务提供了哪些便捷性，从初次使用到现在，对产品或服务的印象，以及自己的心态都发生了哪些变化。

然后在思考的过程中，换一种心境，站在曾经使用过某产品或服务的顾客角度，思考为什么他后来不买该产品或选用该服务了，对哪里感到失望了，如今选用的品牌是什么等。

此外，还可以站在自己家人的角度，思考如果是他们，他们会怎么想。

如果是自己的同事，他们又会怎么想？

换成与自己不同性别的人来思考，也是很有帮助的。虽然思考的方法、方向因人而异，但由于男女性别不同，对事物的思考方式、接受方式存在很大差异的情况也是比较多见的。反过来说，也就是自己思考问题时，容易偏向自己所属性别的框架。

从自己这面壁垒中解放自我

对事物的理解，不同的人有不同的看法。谁对谁错不是问题的关键，因为说到底，都是认为“自己才是对的”。所以，站在除自己以外的其他人的角度思考问题，对于丰富思考、想法的多样性是很重要的。

人容易在不知不觉中被各种各样的壁垒包围起来，进而限制自己的思考。这些壁垒大致可以分为 6 种类型。

具体来说，这 6 种类型分别为“常识的壁垒”“工作模式的壁垒”“专业性的壁垒”“时间的壁垒”“先例的壁垒”“不擅长意识的壁垒”。因为我已在拙作《企划人做三次企划》中说明了这 6 种类型，所以就不在此做详细介绍了，只简单说明一下它们各自的定义。

常识的壁垒：自身具备的常识变为成见，限制了思考范围。

工作模式的壁垒：心想“因为是工作”，从而失去了说真心话的余地。

专业性的壁垒：总想使用专业这一武器来解决问题。

时间的壁垒：因缺少时间而着急，无法集中精力思考问题。

先例的壁垒：根据以往的经验推测“恐怕会发生某某情况吧”！

不擅长意识的壁垒：给自己贴上了不擅长某事的标签，

从而限制了思考。

从局外人的视角俯视这些壁垒时，你会发现这些壁垒全都是“自己构建起来的”。也就是说，人们常常陷入只在自己这面壁垒之内思考问题的状态。为了跳出这一壁垒，从他人的角度思考问题，是最行之有效的方法。

此外，翻越这面称之为“自己”的壁垒后，你会体会到思路就此打开，随即产生一些未曾意料到的想法。

当你习惯了用“如果是那个人的话，他会怎么想”“如果是这个人的话，他又会怎么想”等改变视角的方法思考问题后，你会发现自己的视野自然而然地被打开了，“内向语言”的词汇量随之提高，“外向语言”的表达能力也变得越来越强了。

所以，希望大家先从意识到自己正处于“自己”这面壁垒之中做起。如果意识不到这一事实的话，你会在下意识中，再次陷入类似“我想的事情一定没错”“听不明白我的话的人才有问题”等以自我为中心且具有排他性的情绪之中。

沟通，是在说者与听者的相互配合下实现的。讲出自己的想法，并不意味着实现了沟通。进一步来说，因为自己认为的常识，在他人眼中很可能是不符合常识的，所以能否摆脱掉“自己的常识这一前提”的束缚，将直接影响沟通的效率。

世界很大，存在着形形色色的人。说世界上有多少人，就有多少种思考方式、信念、正义感，也绝不为过。

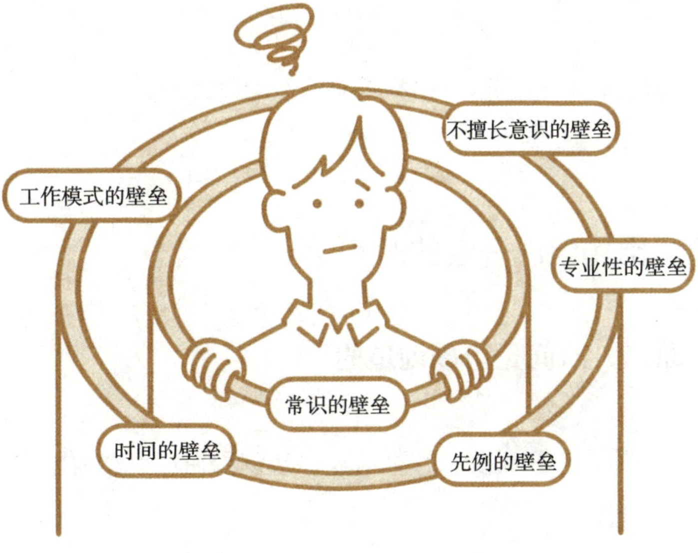

使自己从“自己”这面壁垒中解脱出来

当然，最为重要的，当属自己的想法。所以，我们只能真挚地对待自己脑海中浮现出的“内向语言”，认真地识别它们，并且一句一句地写出来。

当我们能够从某种程度上把握自己以后，就可以在思考其他人是怎么想的同时，更为全面地应对各种问题了。

明确了这一主次关系后，我也就介绍完了进行正确思考的 7 个具体步骤。

> 任何情况下，局限了自身可能性的永远都是自己。

留出和自己开会的时间

原来，时间是可以创造的

那么，究竟该在什么时候，又该如何面对“内向语言”呢？

或许有人认为下班或放学回家后，舒舒服服地泡个热水澡，以一个完全放松的状态面对“内向语言”最好；

或许有人认为周一到周五太忙了，还是周末腾出些时间与自己深入对话更合适。当然，我认为这些做法都是可取的。

但是，如果你总抱着“等有时间了再做”的想法的话，那么只可能是今天推明天、明天推后天，而你想“与‘内向语言’坦诚相待”的心情、愿望也会随之慢慢减弱，结果在没有付诸任何行动的情况下就已经草草收场了。

“等有时间了再做”其实与“没时间的话就不做了”的意思是相同的。对于每天都过着忙碌生活的当代人来说，是很难拥有多余时间的。

一提起面对自己，人们就会觉得是给自己制造了空余的时间，这其实是一个陷阱。

真正重要的，其实是腾出时间让自己与自己的“内向语言”坦诚相待。更进一步说，应该定期腾出一部分时间，不断地面对自己，并且渐渐地使其成为一种习惯。

我把面对“内向语言”的时间定义为“与自己开会的时间”，每周一定会实施数次。

如果遇到工作量比较大、事情比较集中的情况，当然也会视其重要性而定，我会向对方提出“这个时间我已经安排了其他会议，可否换一个时间”的请求。理解力比较强的人会马上明白我的意思，所以不用具体说出与谁开会。

请大家想象一下，当你准备面对自己的“内向语言”时，突然出现了其他需要应对的事情。这时，你一定会回答“我这会儿需要考虑一件事情”，或“我有一件私人事情需要处理”。

听到这一回答后，对方的反应想必也一定会是“那种事不是什么时候做都可以的吗”。

什么时候做都可以的事情，终究是什么时候都实现不了。

正因为如此，你一定要拥有“言必行”的坚定意志和激发自我行动力的方法。如果做不到这些，你好不容易产生的干劲、意愿将被渐渐遗忘。无论过多长时间，你也依然无从把握自己的思考习惯，只能继续漫无目的地含糊度日。

能够斩断这一恶性循环的只有当下，具体的方法便是腾出“与自己开会的时间”。

在头脑最为清晰的上午进行最合适

请你拿出自己的笔记本，或者打开行程表，翻到下周计划的那一页，然后在下周有空余时间的某两天上午，用粗头的水彩笔标出 1~2 个小时的时间，并写明“与自己开会的时间”。如果很难挤出工作日上午的时间，也可以选择本周日的上午和下周六的上午。

这两块用水彩笔标出的时间，是将本章节所了解到的知识点进行内化的时间。

我一直建议将“上午的整块时间”作为与自己开会的时间，是有明确原因的。虽然也有关于交感神经与副交感神经的脑科学原理在里面，但这一部分内容还是交给专业书籍来解释。接下来，我将只结合自身经验解释一下其中的原因。

早晨，头脑一般处于较为清晰的状态。在这种状态下思考事情，冷静地面对“内向语言”是最为合适的。夜晚，经过一天的忙碌后，身心都比较疲惫，大脑的思考也变得迟缓。此时，就算你想面对“内向语言”，也很容易陷入“很难调动‘内向语言’”“产生的净是一些客套话，而不是真心话”的情况。

面对自己，与面对他人这一物理性的接触是不同的。这是一项非常细致的作业，所以希望大家能在自己精神状态最为稳定的时间段，面对自己。最为理想的时间段，便是早晨。

调动“内向语言”并把它写下来的行为，看似容易，实则很难。尤其是刚开始做的时候，因为尚不习惯将思考的过程界定为发出“内向语言”的过程，所以如果只留出很短时间来实施的话，会很容易出现一无所获的情况。

当然，我也知道对于每天都很忙碌的人来说，抽出这样的整块时间是很不容易的。但是，越是那些认为自己抽不出时间的人，越是容易为自己应该做的事情忙得不可开交的人。这样的人岂不是更需要调整好情绪，给自己面对“内向语言”的时间，好好理清一下思绪吗？

不要让工作或应该做的事情剥夺了自己的时间，而要让工作、应该做的事情合理地加入自己的计划中。类似这样的时间管理，也是非常重要的。

唯有认真的准备，才能让与自己的“对话”变得更有意义

因为面对“内向语言”、通过“内向语言”加深思考所需要达到的细致程度，远远超出预料，所以还是在头脑较为清晰的上午进行更为合理。

此外，为了让这段时间变得更为充实，认真的准备是必不可少的。因为你在开始面对“内向语言”的前一天做了多少准备，将决定你在第二天早上的思考能完成到什么程度。

首先，类似确认邮件、日常事务等容易拖到第二天早上处理的工作，我通常会在前一天做完。因为大部分人很难在傍晚到夜晚这段时间集中注意力，所以我会用这段时间处理任何时候都可以做的工作。这样一来，第二天早上的工作量便会随之减少，我也就能够集中注意力，认真地投入思考了。

还有，自我的健康管理也是很重要的，所以我会尽量在夜里 12 点前睡觉。虽然有时也会出现因工作量比较大而做不完的情况，但尽量提前避免这种情况发生，也是一

项很重要的准备工作。如果你已经预料到第二天的工作可能会做到很晚，那就不妨第二天提早来到公司，尽早开始一天的工作，以确保有规律的睡眠时间。

此外，我还会尽量避免在与自己开会的前一天晚上喝酒。因为好不容易才腾出时间来思考，如果第二天早起酒劲没过，自己依然处于晕晕乎乎的状态，那么这 1~2 个小时就白费了。从我个人以往的经验来看，哪怕心里略微疲惫，或身体略微不适，都会非常影响与自己开会时的效率。

若有一些实在难以拒绝的工作宴请或朋友聚会的话，我会选择酒精含量较低的饮品，主动控制酒精的摄入量。如果喝的是高度酒，或由蒸馏酒和碳酸水调制而成的混合饮料的话，我会要求服务员“少倒点儿酒”。

在这样一些小细节的积累下，慢慢养成与自己开会的习惯是非常重要的。

美国现代作家 W. A. 彼得森曾说过这样一句话：“若想引发变化，那就必须把旧习惯变为新习惯。”也就是说，培养习惯是改变自己的唯一方法。

最近，在日本橄榄球后卫五郎丸步的标志性动作的影响下，人们再一次认识到了“遵照自己定下的规矩行事，有助于最大限度地发挥自身实力”这一事实，感受到了习惯的强大力量。

尽可能规划好时间，哪怕从起床时间开始，再到上班时间、午餐时间、回家时间，乃至上床睡觉的时间。如此坚持下去的话，你会发现生活变得越来越规律，自己也能够更为有效地开展健康管理，慢慢懂得“自己更适合在什么时间段做什么”。

为了养成与自己内心对话的习惯，首先要养成留出与自己开会时间的习惯。给自己制订一套合理的规矩，能够大幅提升思考效果。

有时间再做意味着永远也不会做。把干劲转化为行动。

3
专业人士“转化语言的过程”

若想说出心里话，又何必修饰语言？

约翰·沃尔夫冈·冯·歌德
（1749—1832 年）
作家、政治家

揭示想法的两大战略

食材好的话，可以把调味料的用量降到最低

“内向语言”是“外向语言”的原材料。

因此，无视“内向语言”，只一味推敲“外向语言”，是无法改变说话、书写、打字的内容的。

真正重要的是，清楚地认识到“内向语言”的存在，努力提升“内向语言”的词汇量和分辨率。在此基础上，学习和掌握提高“内向语言”的方法才会变得有意义。

只有包含说话人的想法，语言才能打动人心、震撼人心。我们应该做的，不是思考怎么说好、怎么写好，而是充分把握自己的想法，思考如何说出、写出自己的观点。

如果我们已经处在通过“锤炼”内向语言提高词汇

量、分辨率的阶段，那么我们就能够自然而然地把自己的心情、想法转化为“外向语言”并表达出来。所以，我们或许根本就不需要所谓的表达技巧、诀窍！

虽然很多打动人心的演讲背后，都有一位演讲稿撰稿人，但他们并不是什么语言方面的专家，或是接受过表达培训的专业人士。事实上，他们往往更多地处于充分了解自己的情绪，并且非常清楚“自己想如何把这些情绪表达出来”的状态。

这一渴望表达的动机，便是激发其毫无保留地讲出“内向语言”的引擎，从而促使其生成更加强烈且更有深度的“外向语言”。

把这一情况比喻为烹饪的话，会更容易理解。

一流的厨师，一定会无一例外地这样说：

“释放出食材的美味，是厨师存在的意义。如果食材好的话，我会将佐料的用量控制在最少的范围内。所以，拥有发现好食材的眼光和能力，才是成为一名好厨师的真髓所在。”

另外，如果听到厨师说下面这些话后，你会怎么想呢？

“我拥有身为一名厨师的高超烹饪技巧和技术，所以，无论食材好坏，我都能为顾客做出令他们满意的饭菜。这对专业的厨师来说，是理所当然的。”

听了这句话以后，想必还能保持好心情的人应该很少吧！因为顾客一定会暗自嘀咕“这样的话，我岂不是根本不知道自己吃的是什么了”。

其实，食材与菜肴的关系，和“内向语言”与“外向语言”的关系比较接近。

烹饪中使用的食材就像是“内向语言”，烹饪好的菜肴像是“外向语言”，而烹饪，则正是本章内容的主题“转化语言的过程”。

任何人都想吃的，是使用了优秀食材烹饪而成的菜肴。不在乎食材的优劣，是烹饪不出美味佳肴的。

正如没有好的食材就很难做出美味的菜肴一样，如果没有好的想法、心情，就产生不出优秀的语言。

另一方面，无论是美丽的辞藻，还是悦耳的语言，若不是发自内心的声音，而只是出于欺骗对方的目的说出来的话，不但没有任何意义，反而还是有害的。

所以，我认为旨在提高了解自己心情、想法的能力，提升原材料品质的第二章内容，才是最为重要的。锤炼完“内向语言”以后，便可以进入将“内向语言”转化为“外向语言”的步骤，也就是我接下来要介绍的第三章的内容。

你能揭示出多少想法?

很多人对创造打动人心、激发他人干劲的语言，存在着一个很大的误解。

那就是以为听起来悦耳、文字优美的“美文”是好的语言。

当然，我并不是说华丽的词语、优美的文章是没有意义的。但是，美文型表达一般存在于文学、小说领域。在现实社会生活中，华丽的文章、词语并不一定能打动人心。

所以，我并没有把语言作为“国语”来理解，而是视为“社会学”“现代社会”领域的事物来理解。虽然也有一些语言，必须作为国语来了解，但正是因为语言中包含着自己与他人、家庭、社会等共同体的关系，所以才变得愈发重要。

既然美文不能打动人心，那么究竟怎样的言语，才能打动人心呢？

在我看来，重要的方法就是集中精力揭示想法。

虽然这是理所当然的事情，但我还是要强调一下：如果没有想要揭示想法的意愿，那么揭示想法的行为是没有任何意义的。而且，若不能把握想法的整体情况，将不知道应该揭示什么样的想法。

所以，将想法理解为“内向语言”这一比较容易处理的方式，深入挖掘“内向语言”，拓宽“内向语言”的广度，提升“内向语言”的分辨率，是非常重要的。

这样做的话，想法会不断地进步，甚至会拓展到超出自身范围的程度。这样让人不但能够明确了解自己想做的事情、想成为的人、应该做的事情，还可以经常使思路、思考处于条理清晰的状态——就算没有提前做好准备，也可以流畅地说出、写出自己的想法，自然而然地掌握时下流行的聊天能力、对话能力。

下一个问题的关键在于，能不能把想法全部表达出来，因为能否将想法清楚地说出来、写出来，成了决定胜负的关键。

我将继续对如何充分实现把想法理解为“内向语言”的具体方法和相关思想准备的内容进行介绍。

揭示想法需要两项战略

在此，我想提倡一种将想法转化为语言的有效方法——两项战略。运用这两项战略，可将内向语言转化为合适内容表达出来。

这两项战略，分别是了解语言的句式和做好生成语言的心理准备。只有同时转动这两个轮子，才能让语言笔直地朝着对方内心的方向走去。所以从这个角度来说，把这两项战略理解为一前一后的两个车轮，或许会更容易理解。

第一项战略，就是了解语言的句式。

虽说想法越丰富，越易于提升“外向语言”的表达能力，但是想法过于丰富的话，也会让人陷入不知如何表达的境地。

所以，了解了语言的句式，慢慢地，你就会有“那样说就可以了吗”“的确，这样说更容易让对方明白”等新发现。构成语言句式之基础的，就是我们高中之前所学的语文教材。

“为何会在此提到教科书上所学的内容？”

或许有读者已在脑海中冒出了这样的“内向语言”。其实，我们在小学、中学时期学习身为语法的句式时，只掌握了语法层面的相关知识，并不清楚究竟该如何使用，为什么使用。所以，当时的我们并没有想到要从超越学习、学问范畴的角度，把它们运用到实际生活中。

但是，今非昔比，我们有了想要表达的想法。

第二项战略，则是做好生成语言的心理准备。

该战略被称为“语言专家实践的又一步提高法”，我将在此战略中，具体介绍语言生成过程中的注意事项。

因为语言对所有人来说，都是平等的，所以我希望把自己近 10 年来与语言打交道所感悟的内容分享给大家，给更多人带来启发。

| 梳理、揭示想法，然后用其能量，打动人心。 |

战略 1　了解语言的句式[①]

能用的句式已在中学之前全部学完

打破句式之中亦有句式

“有想法的话，语言自会变强。”

虽然明白道理，却不知道具体该怎么做。

想法多到脑子快装不下时，很难通过语言表达出来。

为解决这些问题的两项战略之一，便是了解语言的句式。

本书中所列出的句式，几乎都是一边结合具体例句，一边以更易理解的方式把中学之前的教材所列出的方法论展现出来而已。

通过第一章我们认识了“内向语言”的存在，通过第二章学习了培养想法的方法，而通过本章了解句式，是为赋予“内向语言”合适的形态而做的准备，更是实现灵活运用句式

① 句式，这里作者有时指的是修辞方法，与汉语中对句式的理解不是很一样。——编者注

的前提。

当然，在看完第二章的内容时，你是可以用自己喜欢的表达方式书写的。正如本书通篇所写的那样，想法越丰富，语言表达能力也会自然而然地提高。也正因如此，通过自己的力量生成语言是很有意义的。

但是，这种方法归根结底只是闭门造车，所以效率较低也是不争的事实。拥有一千多年历史的日语，在众人的智慧下，不断完善对句式的研究，所以没有比直接受其恩泽更好的方法了。

了解句式，可能是锤炼语言的捷径了。不仅如此，了解句式还能帮助你学会如何打破句式的束缚。当你了解了句式并且能够打破句式的束缚时，你才能够称得上第一次真正形成了自己的语言。

日本法相宗僧人高田好胤说过这样一句话：“未曾训练过的个性，不过是野性。”正是因为任何人都可以使用语言，所以野蛮生长的人比较多。因此，了解句式，可以使语言成为表达自我个性的武器。

日语中有多种表达方法

人，只能了解到世间的一部分智慧。

世间存在不计其数的智慧。了解这些智慧，在某些情况下可能是好事，在另一些情况下，也可能是坏事。这与有无能力无关——是否真知道这些智慧，才是真正的“差距”所在。

在日语的表达技巧中，也存在着许多智慧。虽然有时感觉不便，但毕竟没有完全表达不清的情况，所以日本人的沟通交流，几乎都是自学成才的。

我自己也不认为依赖技巧、诀窍是好事。但我能感觉到，预先了解最低限度的智慧，在保持传情达意的速度和准确性方面，还是很有必要的。

集合了这些需要所有人了解且被多数人公认为正确的内容，就是义务教育中，从小学到中学所使用的教科书。因为教科书上浓缩了被公认为全体国民都应该了解的内容，所以说教科书中积聚了所有需要了解的智慧也并不为过。

我平时生成语言时会特别注意的句式，也几乎都是教科书中明确列出的内容。而那些直击人心、打动人心的语言，也都是以教科书中介绍的句式为基础组合而成的。教科书中的内容非常凝练，囊括了所需要的最基本要素，可以说奠定了研究日语表达的基础。

但是，教科书上教给我们的，说到底都是语文层面的语言，并不完全适用于实践。教科书中举出的例子也都是散文、小说等文学作品的某些章节，即使能帮助我们理解句式的结构，也并不是为了日常生活的使用而写下来的。所以，我们所学的句式在不知不觉中变为单纯的知识点后，就渐渐地被我们遗忘了。

也正因为如此，真正重要的应该预先将教科书上介绍的表达方法转换为更容易实践的形式，转换为任何人都可以在日常生活中使用的“便于使用的句式”。

比如，教科书中列出的“对偶”这一修辞方式。

字典上对于“对偶”一词的解释如下。

对偶：用字数相等、结构相同、意义对称的一对短语或句子来表达对应和强调的修辞方式，常用于中国和日本的诗歌中等。例如“丛云蔽月，劲风拂花”[1]等。

对这个修辞手法，虽然前半部分的说明很容易理解，但问题在于后半部分的内容。当“常用于中国和日本的诗歌中”这句话出现时，就会让人以为这种修辞方式与自己的日常生活无关了。所以，问题的关键在于，通过用与自己日常生活相关的例子说明这一修辞方式，使之变为能够适当表达自己情绪的知识。

所以，希望大家能通过第一项战略，把基本句式转换为可以使用的句式。

因为有想法，所以句式才能活起来。

接下来，我将一边把5种句式[2]转化为具体可用的句式，一边展开说明。就算各位能在通读之后理解所有内容，也希望大家在产生表达意愿的时候，能够重新阅读这一部分的内容。

从某个意义来说，这和机缘巧合有着异曲同工之妙，因为正是在考虑某件特定事情的时候，才会产生类似

---

① 天有不测风云的意思。——译者注

② 后文中，作者把“比喻和拟人”作为一种，“呼吁、夸张、拟态”作为一种，所以一共是5种。——编者注

“啊，或许能使用这种句式”“使用这种句式的话，或许表达效果更好”等计划性的偶然情况。有意地反复进行这一步骤的话，可以慢慢地使知识内化为自己的一部分，进而成为能够使用自如的智慧。

另一方面，就算完全理解了句式，如果没有表达想法、意愿的话，所了解的句式，也终究会因不起任何作用而被我们遗忘。所以，找工作、换工作时，或者理不清思绪、表达不出想说的话时，希望大家能够反复回顾这些句式。

表达的句式，是为了将想法进行可视化而存在的。正是因为有了想法，所以才能将句式的力量最大限度地发挥出来。

比喻和拟人

用容易理解的语言，分享印象

因为“内向语言”大多是看似连贯、实则碎片式的语言，所以就算你的脑海里闪现了“我想说的是这个”之类的念头，也会出现张口时无法很好地将它们组合在一起，存在卡壳、停顿的情况。

为了避免这种情况的发生，首先要把脑海里浮现的“内向语言”写下来，赋之以形，使其变为容易使用的方式。然后，使用第2章介绍的“思考环”，将“内向语言”变得更为丰富。

接下来，当你准备把“内向语言”转化为“外向语言”时，由于想要表达的内容过多，因此，往往容易“说自己想说的话”“写自己想写的内容”，等等。

这时，“比喻和拟人”这两个句式就可以发挥作用了。“比喻”“拟人”是我们在学校里学习的修辞方法，通过用其他有相似之处的事物进行说明，或者将事物比作人的行为来促进理解。使用这两个修辞方法的话，自己想表达的内容，就不只是自己脑海里的印象，而且很容易变为能够与他人共享的印象。

过去的伟人们，为了能与他人分享自己的观点，也会使用这一方法。

现在是把日本重洗一次的时候了。——坂本龙马

女人原本是太阳。——平冢雷鸟

领袖就是一个贩卖希望的商人。——拿破仑·波拿巴

坂本龙马原本的意图是“从现在开始，革新日本”，但他用“洗”这一对任何人而言都做过的行为来比喻“革新”，成功地推动了普通人对此事的理解：“原来如此，他是想把日本清洗干净啊！”

大力推动女性解放运动的平冢雷鸟在诉说“女权”时，把女性比喻为活力、能量源泉的“太阳”。这种表达方式更容易让她获得他人对其观点的认可。

统治了大半个欧洲的拿破仑·波拿巴看到士气低沉的士兵后，认真思考了鼓舞士气的方法。有一位将军提议“给他们发些奖金”，却被拿破仑反驳说：“金钱是买不来士气的。”所以，他用“贩卖希望”来比喻身为首领需要具备的能力。

比喻和拟人，是自古就广为使用的修辞方式，因为在日常生活中也经常出现，所以可以说是人们比较熟悉的句式。有一点需要注意的是，比喻、拟人是为了与对方共持相同印象时使用的修辞方法，但并不是比喻成什么，都能提升对方理解速度的。

比喻为自己擅长领域的内容，生成自己的语言

在介绍如何用比喻的方法讲出自己想说的话之前，我想再举一些身边的例子进行说明，因为产生“这么说来，这句话也使用了比喻的修辞方式”之类的共鸣，会更便于大家的理解。

分享印象时，既可以通过对方熟知领域的内容来打比方，也可以通过自己擅长领域的内容来打比方。如此的话，便可以生成自己特有的表达方式和语言。

我们在电视等媒体上看到的名人，也都是使用自己所属领域的语言，从而说出深入人心的话。

我也是你的作品之一。——森田一义

所有人儿时都是妖怪。——水木茂

放弃的话，比赛可就到此结束了！——安西教练

众所周知的森田一义先生，在青年时期开始受到著名漫画家赤冢不二夫先生的发掘与关照，他在赤冢先生的葬礼上所说的这句话非常有名。森田一义先生用“作品”一词比喻“赤冢先生对他的培养”，让人感受到了他对赤冢

先生浓浓的感激之情。

《鬼太郎》的作者水木茂先生，在生前谈及养育孩子的苦与乐时，把孩子比喻成“妖怪”。虽然“妖怪”一词的含义是“难以用科学解释的现象或事物”，但是当它从长期创作妖怪漫画的水木茂先生的口中说出时，就让人感觉到了幽默的意味。如果这句话不是出自水木茂先生之口，恐怕这一比喻就很难成立了吧！

由井上雄彦创作的超人气漫画《灌篮高手》中的篮球教练安西光义所说的这句话，也只有从身为篮球教练的他的口中说出来，才会如此震撼人心。

除此以外，还有很多从某领域专业人士口中说出的更具力量的例子。下面我想再举几个。

旅行是我的学校。用自己的眼睛看，用自己的头脑思考。——马可·波罗（旅行家）

没有走不下去的棋子。——中原诚（日本象棋棋手）

眼泪流成了最小的海洋。——寺山修司（戏剧家）

这些语言，也只有从那个人的口中说出，才更具力量。

正是游历了世界，马可·波罗才能把旅行比为学校；正是在日本象棋界拥有相当的实力，中原诚才能够把人走出的每一步比喻为棋子；正是善于创作打动人心的戏剧，寺山修司才能把眼泪比喻为海洋。

希望这些例子不仅能够让大家理解打比方的不易之处，还能帮助大家寻找到适合自己的比喻方式。

收集身边的语言

那么，想通过比喻表达自己的想法时，到底应该怎么做呢？

首先应该做的，是留心收集自己身边的语言，尤其是词语。

大学生的话：

大学、讲座、教授、校园、停课、社团、学生食堂、教科书、参考书、学分、留级、研究室、打零工、学生、迟到、独居生活、寄宿、论文、就业、必修、理科、文科、第二外语、饮水、打电话、论文、通宵等。

职场人的话：

工作、业务、上司、下属、同事、同届、竞争公司、同业、外出、回公司、办完事直接回家、西服、带薪休假、休息日出勤、满员电车、工作与生活的平衡、演示文稿、新人培训、升职、惩罚、合同等。

家庭成员的话：

家人、住宅、租房、厨房、浴室、妻子、丈夫、孩子、父母、宠物、阳台、订婚、结婚、周末、购物、旅行、兴趣、搬家、改装、家具、电器、电视、报税、理发、亲手烹饪的食物等。

还应该出现一些符合当事人身份的、更为具体的词语，比如，如果是我的话——因为在广告公司工作——会在职场人的那部分，列举出“15 秒、30 秒、报纸广告、明星、活动”等词语。

再比如当我想表达“这一年，转瞬即逝”的想法时，我会用以下比喻来说：

原文：

这一年，转瞬即逝。

比喻：

这一年，仿佛只过了 15 秒。[①]

因为在广告公司工作过的人都知道“15 秒”一词是用来形容“时间极其短”的，所以用这种方式表达有助于提高传达速度。而且，还能给对方留下“这符合他身为广告人的说话风格”的印象。

类似这种在比喻中使用自己身边较为常见的词语或是灵活运用对方所在行业的词语，有助于提升表达效果。所以，不要无意识地任凭身边的信息流走，而要有意地注意不同行业中出现频率较高的词语。

这样做的话，就可以既准确又聪明地表达出自己想说的话。

---

① 在汉语中，这里应该是夸张的修辞手法，并不是所有带“仿佛”的句子都使用了比喻。——编者注

语言的素材，自会来到你的身边。

重复

因为重要，所以需要重复强调

下面要介绍的，是一种名为“重复”的方法。该方法在教科书、参考书中是以“反复”的名称出现的。接下来，我将就其使用案例和使用方法进行详细介绍。

重复的方法大体可分为两种。

一种是单纯通过重复同一句话来加深人们的印象。另一种是通过有效重复同样的措辞、词语来制造韵律、节奏，进而促进他人理解的方法。

关于第一种单纯的重复，“因为重要，所以需要重复强调”是使用这种方法的首要依据。在这一修辞方法的典型案例中，我想最著名的，一定是美国黑人解放运动领袖、牧师马丁·路德·金在林肯纪念堂前的那段演讲了！

我有一个梦想。——马丁·路德·金

这场著名的演讲，共计8次讲出“我有一个梦想”，描绘了自己渴望实现的世界面貌。

仅从文章内容来看的话，并不能肯定重复“我有一个梦想”是有必要的。但是，就算所表达的内容本身没有任何变化，而只是加了一句“我有一个梦想”，便可以让人们想起他所描绘的梦想中的情景，然后慢慢地深入人心。

如果马丁·路德·金演讲时不重复这句“我有一个梦想”的话，即使依然拥有深远的意义，那么在1963年的演讲历经近50年岁月后的今天，很有可能已经不会再被人提起了。由此可见，重复表达的效果还是颇为显著的。

还有，该演讲中的经典段落，并不是照着预先准备好的结束词念的，而是演讲人的临场发挥。这一点，也是颇有意思的。

当然，马丁·路德·金可能在演讲之前想过这些内容，可以感觉到，他以“我有一个梦想”这句话引领节奏，认真地讲出了自己内心深处的“内向语言”。

下面，我想再介绍一个重复表达的例子。

再往前一步。无论何时，我都这样想。再往前一步。现在，是最重要的时刻。再往前一步。——武者小路实笃

这是日本著名作家武者小路实笃描写前进重要性的一段话。在这个例子中，作者通过多次重复“再往前一步”，强调了每天向前迈一步，哪怕是很小的一步，也是非常重要的。虽然句子不长，但已充分传达了作者的想法。

文章有了节奏，将更容易打动人心

接下来，我将继续介绍通过重复同样的措辞、词语来制造韵律、加深含义的方法。

最易理解的例子应该是宫泽贤治[①]的那首《不畏风雨》吧！

不畏雨，不畏风。——宫泽贤治

① 宫泽贤治（1896—1933年），日本昭和时代早期的诗人、童话作家、农业指导家、教育家、作词家及社会活动家。他生前几乎没有名声，去世后才广受欢迎。他的诗作中最为人称道的便是《不畏风雨》。——编者注

虽然诗中的故事更为动人，但若没有这句给人留下深刻印象的开头，恐怕也不会成为至今依然被人们津津乐道的作品。

按照一般思路考虑的话，“不畏风雨”这样的表达，字数更少，表意也更为直接。但是，重复使用“不畏”一词，有助于强有力地表达作者内心最真实的感情和充足的信念。

此外，重复使用某个特定的词语，还有可能加强文章的表现力。无论在日语还是外语中，这种修辞方式都是长期以来经常被人们使用的表现手法。

没有绝对的绝对。——织田信长

世界上最美的颜色，是最适合自己的颜色。——可可·香奈儿

不考虑未来的人，不会有未来。——亨利·福特

应该有谁能做到，我想成为那个谁。——卡尔·刘易斯

一个人什么也做不了。但是，任何事都必须从一个人做起。——岸田国士

能卖出几百万张唱片的摇滚，不是好摇滚。——忌野清志郎

在这些例句中，都有像“绝对”“颜色”“未来”“谁”“一个人”“摇滚”这样作为主轴的词语。通过重复这一词语，不但能让句子有节奏感，还能给人留下更为深刻的印象。

试想一下，若把这些例子换作简单直接的表达，就变成“没有绝对”“适合自己的颜色最美”“成为一个考虑未来的人吧”“我想做到”“从自己做起”“好摇滚卖不了几百万张”了，虽然没有词语的重复，却并不影响意思。

但是，不可否认的是，重复某个词语后，句子的表达力更强烈，在传达速度和理解深度方面也发生了很大的变化。

比如，当我尝试用反复的修辞手法表达“战胜自己”这句话时，会变为如下情况：

原文：

战胜自己

句式的反复：

战胜自己，无论如何都要战胜。

词语的反复：

我想成为，能够战胜自己的自己。

成为能够战胜自己的自己，是我的目标。

虽然除了上述例句外，还有很多种变化方式，但与没有任何变化的“战胜自己”相比，这些例句的表达效果更为显著。

此外，让句子最后一个字使用相同韵母的押韵法，也能为文章增添节奏感、韵律感。预先了解一下这个方法会便于日后的使用。

努力，学习，这就是天才①。——野口英世②

这是一个很成功的典型例句，通过在短句结尾重复使用“だ”，使文章产生了很强的节奏感。

---

① 日文为“努力だ。勉強だ。それが天才だ”，每一句话的最后都是“だ”。——译者注

② 野口英世，日本国宝级的细菌学家、生物学家，著有《蛇毒》《梅毒的实验诊断》。渡边淳一为其写的传记《遥远的落日》荣获吉川英治文学奖。日本为纪念其对医学的贡献和不屈不挠的奋斗精神将其头像印在新版 1 000 日元纸币上。——编者注

用较短的话表达最想说的话

若想使用反复的修辞方式，必须先决定用于反复的内容。这个用于反复的内容必须是自己最想表达的内容，否则，就没有任何意义了。所以，这时就需要用词语或短句来表达出想要表达的内容，然后通过重复这一词语或短句达到提升理解效果的目的。

假设，我现在有一个想要告白的对象，很想向她表达我内心“对她的喜欢”。于是，我可以想到如下几种表达方式：

原文：
我喜欢你。
句式的反复：
我喜欢你，比任何人都要喜欢你。
词语的反复：
我喜欢，正在做喜欢的事情时的你。
我想向你表白的是，我有一件事想向你表白。

在句式的反复中，重复出现了“喜欢你”这一句式，通过插入“比任何人都要”，起到了强调后半句中“喜欢你”的作用。在词语的反复中，反复的词语不但可以是“喜欢”，而且可以反复从喜欢派生出的词语“表白”。

这与刚才“战胜自己”的例子一样。在用句式来进行反复时，句子越短，反复所达到的效果越好。句子过长，很容易让人误认为是“为了重复而重复”，从而削弱反复的效果。

所以，在我们说出一长段话或写出一长篇文章时，在文章开头或结尾这些比较重要的位置使用反复这一修辞方法的话，效果会更加明显。如此一来，就可以一下子吸引听者或读者的关注，让他们产生兴趣。

当通过第 2 章中的方法明确了解了自己想要表达的内容后，可以想一想哪个词语、短句最能充分地表达出这一内容。这个词语或短句不一定要多么怪异出奇，但必须是能够表达出内心真实感受的语言。

找出这一词语或短句后，就可以自然而然地通过反复这一修辞方式表达出来了。

对比：制造反差

表达力强的语言，是从反差中产生的

“对比”，是一种通过制造反差提升语言表达力的修辞方法。具体来说，这种修辞方法就是通过对比一对意思相反的短语或句子来凸显语言力量。

非常简短且耳熟能详的例子，应该非下面这句惯用语莫属了吧！

虽败犹胜。

该例句通过并列使用完全相反含义的“败”“胜”二词，成功地赋予了这句话惊奇感以及新的意义。

这句话的准确含义是“在不同的情况下，大度地把胜利让给对方，反而能够得到对自己有利的结果，从而走向胜利”。用“虽败犹胜”这一对比表达这一含义时，仅仅通过占其约10%的字数表达出了同样含义的神韵。

或许“在不同的情况下，大度地把胜利让给对方，反而能够得到对自己有利的结果，从而走向胜利”这一说法

更为准确。但是，若想提高传达速度和效果的话，或许简单地说出“虽败犹胜”更为合适。

对比这一修辞手法其实创造了不计其数的名言，称其为“制造名言的修辞方式”也毫不为过。因为这种修辞手法能够用含义完全相反的短语或句子，实现感情表达效果的最大化。

这是我个人的一小步，却是人类的一大步。——尼尔·奥尔登·阿姆斯特朗

这是美国宇航员阿姆斯特朗刚登月之后说出的一句话。通过对比“一个人”和“人类”，以及“一小步”和“一大步”，突出地表达了此举的伟大。

像这样通过对比制造反差——使用正和负、积极和消极的相反含义进行对比的情况比较多见。因为前半句表达的消极含义，能够更加突出后半句的积极含义。

虽然只说后半句的积极含义，也足以传达出此壮举的意义，但是，通过在前半句制造“瑕疵”，反而使后半句真正想要传达的内容变得更为光彩夺目。

否定常识和现状，清楚地描绘未来

虽然对比是积极和消极的并列，但依据两者之间关系的不同，语言所表达出的深意也会有所不同。其中最易发挥出效果的，当属用常识、现状作为消极部分，将清楚描绘的未来作为积极部分的方法。

例如，像“这样下去可不行”“我必须做出改变”这类对现状感到不满的人有很多。能够撼动这类人心灵的语言，可以通过用否定社会普遍认定的常识，描绘未来制造对比的方法来实现。

虽然这类例子多到说不完，但我主要想向大家介绍 9 个我用于改善自己心情的例句。

努力·行动

奋斗者总是诉说希望，怠惰者只会宣泄不满。——井上靖

失败，不是人生的结束；放弃，才是人生的结束。——理查德·米尔豪斯·尼克松

活着并不只是呼吸而已，而要去行动。——卢梭

价值观·才能

明明有大目标却拘泥于小事的做法是愚蠢的。——海伦·凯勒

当危险向你逼近时，你若回头躲避，危险将会倍增。你若勇敢面对，危险将会减半。——丘吉尔

天分是先天的，才华是后天的。——可可·香奈儿

生活·朋友

不是因为快乐才微笑，而是因为微笑才快乐。——威廉·詹姆斯

拥有很多朋友的人，其实一个朋友也没有。——亚里士多德

人生近看是悲剧，远看是喜剧。——查理·卓别林

我在这里列举的这些箴言警句，跨越了时间和国家的界限，深深地打动了很多人的心灵，不断地激励人们前行。值得关注的是，虽然这些名言在不同的国家所使用的文字、表达的内容都不相同，但都采用了对比这一修辞手法。

真正抓住人心的，是这些箴言警句中否定过去和现在，肯定未来的措辞。

在前半句加入与自己想法相反的内容

对比的重点，是通过在前半句中加入与想法相反的内容，突出后半句中自己真正想表达的内容。这就好比以消极为起跳台，实现更高的跳跃。

假设我现在面临毕业找工作或换工作的情况，需要在展示自我的同时，说明应聘原因。就以想向面试官强调“无论如何，我都非常想进入贵公司工作”为例吧！如果只说一句“无论如何，我都非常想进入贵公司工作”，是很难使自己从众多竞争对手中脱颖而出的。

这时，对比的修辞手法就可以发挥作用了。

原文：

无论如何，我都非常想进入贵公司工作。

句式的对比：

除了贵公司，我不想去任何公司工作。

这就是我想要进入贵公司的决心。

改变表达方式以后，语言里所饱含的热情瞬间高涨。但是，如果没有准备好“为何这么想进入这家公司工作”“觉得这家公司的魅力在哪里”等相应理由的话，这种表达方式反而让人感觉轻浮。想必大家都已想到了如此说话带来的后果只可能是“自掘坟墓”。

下面这种句式，是一种可以在各种场合下使用的句式。

原文：
无论如何，我都要和你交往。
句式的对比：
除了你，我不想和任何人交往。
这就是我想要和你交往的决心。

原文：
无论如何，我都希望能获得你的帮助。
句式的对比：
除了你以外，我不放心把这件事交代给任何人。
无论如何，我都希望能获得你的帮助。

这些例句说到底都只是语言的表达形式，真正重要的，是通过对比提升表达力，然后通过语言表达想法。仅仅希望通过语言夸大自己、给人留下好印象是没有任何意义的。总而言之，大家把它理解为能够赋予“内向语言”恰当表现形式的一种修辞方法就可以了。

断言

用清晰的语言展现明确的未来

接下来要介绍的，与比喻、反复、对比等修辞手法不同，它是断言。教科书上把这种方法称为“断定”。

断定就是断言的意思，这种方法听起来似乎很简单，但是想必大家都知道，在现实生活中，断言的难度有多大。

从一般对话来看，我们经常会通过在句首[①]加入“我认为”“我想”等句式来回避断言的情况，使内容犹如空中楼阁般飘忽不定，使语言表达变得含糊不清。人，会在

① 日文原文是在句末加入“と思います、と考えます”，因为中文习惯在句首表达“我认为”“我想”，所以译者根据中文的习惯调整了译文。——译者注

无意中避开断言的表达，喜欢采取事先留下另一种可能性的表达。

这是一种分散风险的方法，用“不不不，我并没有断定一定会这样”“也不是没有另一种可能性”等给自己制造逃脱责任的余地。

也正因如此，敢于断言的人才更强大。

下面这句话，应该给大家留下了非常深刻的印象吧！

我的巨人军团永远不败！——长嶋茂雄

这是职业棒球选手长嶋茂雄在退役时说出的一句话。一般情况下，他可以说“我认为我的巨人军团永远不败”，也可以再加重些语气说“我相信我的巨人军团永远不败”。但恰恰是因为他以断定的方式说出了这句话，才让许许多多的人感受到他坚定的信念，从而被深深打动。

虽然实际情况是，职业棒球队由企业运营，没有人能断言所有球队会永远存在——万一地球灭亡了，球队也会随着地球上的所有人一起消失。

但是，正如大家从这句话中感受到的那样，虽然我们也知道“永远”的可能性几乎为零，但还是会为断言中描绘出的光明未来而心动。

再来看一个例子。

在我的字典里没有“不可能”这三个字。——拿破仑·波拿巴

这句话的道理也是一样的。

如果有人反问，难道拿破仑就没有做不到的事情吗?答案当然是肯定的。我曾在相关史书上看到过这样的记载——因为拿破仑的性子比较急，所以别人给他画像或者做雕像的时候，他通常待不过十分钟。由此可见，拿破仑也有很多根本做不到的事情。

但是，坚定地断言“在我的字典里没有‘不可能’这三个字”，不但极大地鼓舞了仰慕他的将军和士兵，还使人民能够安心。

断言，是充分考虑后得出的结果，是身为领导者必须具备的非常重要的资质。

断言是引导人们的“旗帜”

翻看了世界上的各种名句名篇后，我发现像企业家、军人这样率领着许多人的领导者，更喜欢使用断言这一表达方法。

因为引领多数人朝着相同方向前进时，需要像指明灯那样的充满力量的语言引领大家前进，所以领导者必须明确地表达出自己的想法。或许，正是因为一些人能够用语言描绘出清晰的未来，并且让所有人都能够听明白，才成为了领导者。

虽然两种可能性都有可能存在，但不管怎么说，这都证明了领导多数人做事时，强而有力的语言是多么重要。

任何人，都是用语言思考，用语言理解，用语言表达想法的。无论时代背景、商业环境如何激荡，人的思考和语言的结构都不会发生改变。

希望大家关注的是，断言这种表达方式在展现出明确未来的同时，还表达出说话人的认真程度。因为它会让人感觉到，说得越坚定，越是真心相信；说得越坚定，越是经过深思熟虑。

我们要在 10 年以内，把人类送上月球。——约翰·肯尼迪

我们要制造出能够放入口袋的收音机。——井深大、盛田昭夫

一棵大树可以让几万只鸟儿休息。——比尔·盖茨

这里列出的三个例句，都用断言的方式表达了多数人认为不可能实现的未来。

当听到他们说出这些话的时候，想必认为“这是真的吗”“这种事情根本不可能实现”的人应该不在少数。

但与此同时，想必也有人因此受到鼓舞，心想“既然都这么说了，那就做做看吧”“想一想怎样做才能实现吧”，然后，默默开始努力、迎难而上。所以，提出明确的未来的人，能够影响周围的人，并带给他们思考乃至付诸行动的契机。

这些话能为很多人加油打气的最大原因，或许不仅是人们认同说者的认真程度，还有人们对努力挑战不可能之后，实现的未来社会、生活，充满了幻想和期待吧！如果，讲出这些豪言壮志的人只是出于“我要不择手段地提

升销售额”“不管是什么新产品，只要卖得好就可以开发”等一己私利而挑战不可能完成的难题的话，想必应该没有人会为他们买单吧！

所以从这个层面来说，我认为并不是他们说出的这句话有多么了不起，而是听者从他们描绘出的美好愿景中产生了深深的共鸣。用明确的语言概括、表达出美好的愿景，与团队拥有对未来的相同期待，可以产生使大家朝着同一个方向努力前进的强大力量。

正如大家所知道的那样，肯尼迪于 1962 年做的演讲奠定了后来的阿波罗计划[①]，7 年后的 1969 年，美国宇航员成功实现了人类的首次登月。此外，索尼也成功制造出了超小型收音机，并以晶体管收音机席卷了整个世界。比尔·盖茨则带领微软团队持续研发 Windows 操作系统，以及商务活动中不可或缺的办公软件，为数万人的生活提供了支持。

或许说这一切丰功伟绩都源自一句发言有些夸张，但

---

① 美国前总统约翰·肯尼迪于 1962 年 9 月 12 日在赖斯大学做了关于航天事业的演讲，名为“我们选择登月”。——编者注

是，正是因为有了明确目标的提出，才让人们开始倒推“究竟怎样做才能实现这一目标”“需要多少预算、多少工作人员才能完成”等具体问题并且付诸实践，所以这些话的巨大作用是不可否定的。

能够为团队提供明确的目标和方向、鼓舞团队斗志的语言，简直就像团队领导应该高高举起的一面旗帜。

领导力就是引领人们前进的统率力。统率团队，需要统一所有队员的想法，使他们朝着一个共同的目标前进。这一领导力发挥出来以后，便会使队员产生想要全力支持领导实现目标的凝聚力。

领导力的体现方法因人而异。

既有擅长通过自身实际行动发挥模范带头作用，用“后背”服众的领导，也有通过自身卓越的企划力、创造力令团队惊叹的领导，还有拥有绝妙经营管理手腕的天才领导。

但是，有一点是可以肯定的。

那就是领导力通常是通过语言发挥出来的。

不是拥有实力的人才能成为领导，而是拥有吸引团队成员，并能让团队团结一致、直面困难，具有领导力的人才能成为领导。这是因为若不能把自己的想法转换为恰当的语言表达出来，发出正确的信号，是无法拥有一致目标的。

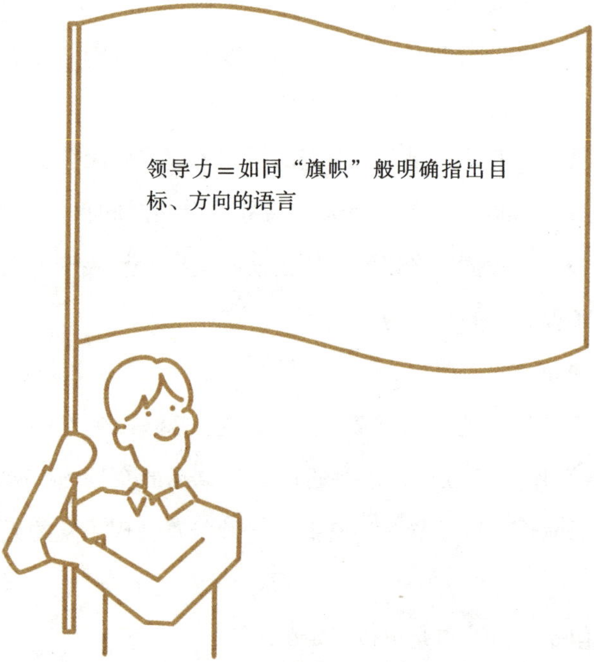

如同“旗帜”般的语言，能够明确指出目标、方向

“我认为”会削弱意志

断言某件事情很难。因为断言会产生让自己背负各种风险的可能性。

尤其是在商务场合做出的断言，万一没做到或者事情进展不顺利的话，反而会让做出断言的人成为众矢之的，被人指责“你不是说能做到吗”。但是，如果一个人没有坚定意志的话，那么就不要期待他的周围乃至社会能够因他而变好。

所以，为了更准确地做出断言，仔细探讨各种可能性并且进行深入思考也就变得尤为重要。从这个层面来说，仅仅做到第 3 章的内容是不够的，还必须做到第 2 章介绍的认真思考。

举例来说，当我想表达“我想做一项令世界震惊的工作”时，我该怎么说呢?

一般情况下，我肯定会无意中加上一句“我认为”，于是就变成了“我认为我想做一项令世界震惊的工作”。如此表达之后，这句话立刻变得十分圆滑，不给任何人留下否定的余地。但与此同时，这句话也失去了动人心魄的力量，大大降低了说者对于此事的坚定程度。

相反，如果我只改变句首，变为“我要做一项令世界震惊的工作”便可以让听者感受到我的决心，从而留下不同的印象。

所以，我建议大家在写文章的时候，可以尝试放弃“我认为”“我觉得”之类的表达。

如果你感觉“这么说有些言过其实”的话，那便发现了你内心还不够坚定的有力证据。相反，如果你感觉到“这么说就对了”的话，那就说明你已处于拥有断言决心、热情的状态。

我再给大家介绍两个可供参考的例句。

明天画出的画，才最精彩。——巴勃罗·毕加索

你能为促进世界和平做些什么呢？先回家爱你的家人吧！——特蕾莎修女

如同例句所说的那样，毕加索倾注毕生精力投入绘画创作中，一生创作了大量著名画作；世界著名天主教慈善工作者特蕾莎修女，断言关爱家人而非投身慈善活动才是促进世界和平的第一步。

虽然改变句首[①]是非常简单的方法，但这是重新检验自己态度的有效方法，所以请大家一定要试试看！

深思熟虑后讲出的话，能够成为引领众人的旗帜。

使用可感知的语言：呼吁、夸张·拟态

让对方拥有想听“可感知语言”的耳朵

我想在战略1的最后，给大家介绍一下语言的选择方法。

成为广告文案撰稿人以后，我经常被人问及“您是如何挑选出表达力强的语言的”“有没有什么技巧”等关于表达用语选择的问题。所以在具体介绍之前，我想首先表明自己的态度：我并不认为能够通过短句、单词的选择，大幅改变文章的表达力和对受众的影响力。

相较而言，提升自身“内向语言”的词汇量和分辨率，准确表达出自己的真实想法才更为重要。所以准确地

① 日语原文是“句末”。——译者注

说，我们只不过是为了把想要表达的内容转化为有形的文字，进而去选择更为适合的语句、单词而已。

从这一点来说，或许把“使用可感知的语言”这一内容理解为更偏向技巧性的方法更为合适。

我想在此介绍的主题是：可感知语言的选择方法。

那么，“感知”究竟是什么意思呢？

我把“感知”解释为“让对方拥有想听的耳朵”。具体来说，我认为可以分为两种方法。

一种是通过呼吁对方，让对方强烈地意识到这句话是针对自己说的，进而主动想要倾听的方法。

少年，要胸怀大志！——威廉·史密斯·克拉克

这句话，是北海道开拓之父克拉克博士留下的一句名言。它被雕刻在了克拉克博士伸手指向未来的那座铜像上，想必大家对此应该有印象吧！

在这一例句中，通过呼喊“少年”，让听众认为“这句话是对自己说的”，从而产生自己就是当事人的意识。如果克拉克博士只说了一句“要胸怀大志”的话，那就变

成了一句简单的命令，其中所含有的打动人心的力量，瞬间锐减。

不仅如此，我认为该例句的绝妙之处，还在于它呼吁时并没有使用“你”“听众们”“大家”“各位”，而是使用了“少年”一词。

据说，这是克拉克博士辞去北海道大学的前身札幌农学校校长一职时，赠送给学生们的一句话。虽然这句话的确是对年轻人说的，但是使用“少年”（英语中是Boys）一词以后，让学生们更为深刻地感受到自己是何等的年轻，自己的身上肩负着开拓未来的重任。这一处细节——词语的选择，应该才是这句话至今依然打动人心的原因吧！

除此以外，还有很多领导以呼吁的方式留下了令人印象深刻的语言，一边鼓舞着团队、同伴共同努力，一边引领着大家走向未来。

试着做做看吧！不做的话谁也不知道。——鸟井信治郎

为难吧！不为难的话什么也做不到。——本田宗一郎

不能消沉啊！燃起你的斗志吧！——契诃夫

这三个例句都通过开头的呼吁，引出了自己真正想说的内容。

仅思考是不行的，还要把想法转化为行动。第一个例句强调行动重要性，是三得利创始人鸟井信治郎的名言，他通过呼吁“试着做做看吧”，自然而然地引出了后面那句“不做的话谁也不知道”。当然，虽然方言的表达也在其中起到了一定的作用，但如果只说后面一句话的话，这句话的震撼程度便会大打折扣。

另外两个例句的道理也是一样的。无论是本田技研工业的创始人本田宗一郎，还是俄国著名剧作家、短篇小说巨匠契诃夫，都通过呼吁，让听者先拥有一双渴望倾听的耳朵，然后才说出更为重要的内容。

听到这些话的人，因为说话人呼吁式的表达，产生了“这是在对我说的”的特殊感受，从而自然而然地产生了想要倾听的想法。

给重点内容加点料

让对方想要倾听的第二个方法，是用夸张的语言或模仿声音的拟态语表达感情、心情的方法。

心情好，心情超好。——北岛康介

这句话，是北岛康介在夺得2004年雅典奥运会200米蛙泳冠军时，对媒体说的一句话。虽然北岛康介在宣布退役的记者会上吐露心声说，“当时我快要哭出来了，所以随口说出了那句话”，但无论如何，这一个“超”字把他的情绪表达到极致，给人们留下极为深刻的印象。

尤其是在奥运会那样一个非常正式的场合，一个看似与场合不太相称的“超”字反而在那一刻显得尤为亮眼。

很多人都在以各种各样的形式使用着这种表达方式。

做很多不起眼的小事，是通往伟大的唯一途径。——铃木一郎

紧握拳头你就无法与他人握手。——甘地

曾让我们身陷绝境的悬崖！谢谢！——松冈修造

不可否认的是，这些例句中都含有丰富的暗示与启发。同时，它们还通过夸张的表达，成功地将暗示与启发的效果最大化。

铃木一郎选手的这句话很“出人意料”，“做很多不起眼的小事”与后半句形成了鲜明的对比，完美地表达了平日里默默努力的重要性。虽然类似含义的俗语表达有很多，比如“精诚所至，金石为开”“积少成多”，但是这句话体现了说话人对棒球的热爱，以及努力拼搏的坚强意志，让人强烈地体会到了俗语中所没有的强大力量。

倡导“非暴力不合作运动”的印度律师、印度民族独立运动领导人甘地的这句话，以“紧握拳头”一词，确切地表达出了暴力是何等悲惨，并说明了暴力对社会没有任何意义。

前日本网球国手松冈修造说出的“身陷绝境的悬崖”，彰显了他的个性和性格。虽然世界上有无数表达“把逆境化为力量”的名言，但是“身陷绝境的悬崖”和“谢谢”形成的巨大反差，使这句话成为众多名言中独树一帜的一个。

看完这几个例句后，想必大家都已明白，毫无保留地表达内心的情感，才是创造动人语言的有效方法。虽然表达时也可刻意使用一些能引起对方注意的语言，但是拥有真实情感的时候，选择语言会变得非常简单。因为在这种情况下，只需选择出适合自己当下心情的语言就可以了。

如果没有任何真实情感的话，也就没有了选择词语的标准。这时，只好选择一些“好的词语”“强烈的词语”“平时不使用的特殊词语”。但是，这些词语能否打动人心，想必不用我多说，大家也心知肚明了。

如同交谈般地编织语言

人，一旦打算写文章的时候，总喜欢端着点架子。于是，身体开始变得僵硬，思考也失去了韧性，就容易写出一篇总感觉哪里有些用力过猛、不太自然的文章。这样的文章所使用的词语，几乎都缺乏感情，让人无法从字里行间感觉到温度。

为了避免这种情况发生，使用“如同交谈般的方式书写”这一方法是很有效的。我意识到使用这一方法的重要性，是在听到对《富爸爸穷爸爸》的作者罗伯特·清崎进行采访的时候。他在接受 CNN（美国有线电视新闻网）的采访时，说出了这样一段话：

我并不擅长写英语，语法中尽是错误。高中的时候，我先后两次留级……这样的我之所以能够写出位列《纽约时报》畅销书排行榜第五名的书籍，是因为我在用如同交谈般的方式书写。就好像富爸爸在对我说话、听我说话一样。

没错，他的书的确用的是像在与自己交谈的文体写出来的，所以读他的书时，与其说体会到了读书的感觉，不如说体会到了有人在教自己重要道理的感觉。

如同交谈般书写的重要性，不但对写作是有效的，对日常生活也是很有用的。

写文章、打字的过程，是把自己的想法“化无形为有形”的过程。在这一过程中，人们往往容易把注意力集中在书写、打字的行为本身，于是在不知不觉中变得利己，从而使用更多生硬的语言。

当你转为用交谈的方式书写时，便会主动意识到交谈的对象，从而使用更易于对方理解，更易于让对方产生共鸣的表达方式。

为了实现交谈式的书写，你可以一边想象出想要表达的内容和对象，一边用智能手机、手机的录音功能把想说的话录下来。所想的对象越具体，越容易产生现场感强的语言。

然后，一边回放录音，一边将其转化为文字。虽然按照录音写下文字并不意味着直接得到了通顺的文章，但这可以成为文章架构的参考。你也可以试着保留句中出现的口语。这样一来，你会发现，很多自己想要强调的地方都自然而然地得到了强调。

在你写文章写不下去的时候，请一定试试这种方法！

战略 2　做好产生语言的“心理准备”

向语言专家的实践，再靠近一步

谁都可以领先一步

强烈地意识到“内向语言”的存在，通过深入思考提升“内向语言”的分辨率，然后了解语言的句式，把自己的想法变为“外向语言”。

仅仅反复实施这些步骤，便可以让自己的想法变得更为清晰，使自己能够将从前无法说出的一些话自然而然地讲出来。

语言，是表达自己想法的手段。把握、丰富自己应该传达的想法，才是表达中最为重要的一环。

本部分的主题是“向语言专家的实践，再靠近一步”，我想在此介绍产生语言时应该注意的具体内容。虽然这里介绍的方法是我在专业工作中实际使用的方法，但是我认为这些方法对大家提升语言表达效果也是有帮助的。

虽然题目中“领先一步”的说辞透露着些许自以为是，但这并非因为专门从事这行才说自己领先一步，而是出于一名专业人员的使命——必须有领先一步的想法而多向前迈出一步。

所以，这一步，是任何人都可以踏出的一步。

是否能领先一步，只是踏出这一步和不踏出这一步的差距。

语言对于任何人来说都是平等的。

即使什么也不想，人们也依然可以说出话来、写出话来。也正因如此，“领先一步吧”。最终，这一小小的差距，将在未来渐渐转变为巨大的差距。

瞄准目标：只要能传达给一个人就好

越想传达给所有人，越不能传达给任何人

当我以广告文案撰稿人的身份从事广告工作之后，我要传达的对象，就自然而然地变成了很多人。

例如，我要做一个关于饮料的广告文案，那么全日本人都是我要吸引的目标。如果我要做一条关于女性洗发水的广告文案，当然也存在只需吸引某个特定年龄段女性的情况，但多数情况是，我需要构思出一条能够吸引各个年龄段女性的广告文案。

但是，就算我心想着“要传达给所有人”“要让所有30~40岁的女性都能共鸣”而构思出了某句广告语，最终也不一定得到好结果。别说好结果了，越想传达给更多的人，往往越难构思出能够扣人心弦的语言。

其中的原因一目了然，因为没有任何一个人是“平均性的人”。

日本人的平均爱好、类型，或许可以通过统计计算出来，但所谓“平均性的人”，是根本不存在的。“平均”，说到底，也只是平均，只不过是拥有各种不同个性的个人

可量化值的平均值而已。同样，平均性的30~40岁的女性也是不存在的，平均性的职场人、平均性的家庭主妇也是不存在的。

真正存在的，只可能是个人。社会，是由各具个性的个人构成的。所以，以多数人为目标抛出某句话语，可以说是非常困难的事情。

如果想向多数人传达某些信息，但因为看不见听者的脸，所以讲出的内容很容易变得模糊。

比如自我介绍，当你知道或是不知道进行自我介绍的对象时，所做的准备肯定是不一样的。

如果对方是新调至自己所在部门的领导，那么你不但会结合自己的工作履历介绍自己的经验，还会告诉他自己今后的目标。如果是在早会等更为正式的场合，你的介绍则会变得更为严谨；如果是在晚上的欢迎餐会上，你的自我介绍则可以夹杂更多风趣幽默的内容。

如果对方是自己的亲戚，而且是在聚餐这种较为轻松的氛围下的话，比起介绍自己的工作经历，谈谈自己的兴趣、生活风格等更为私人的话题，反而更容易拉近彼此的距离。

相反，如果不知道对方是谁的话，就无法确定以什么内容为重点更容易得到对方的理解和共鸣，最终只能用普通的方式进行介绍。

不仅是在做自我介绍的时候会陷入这种情况，想要传达自己的心情、想法的时候，也会出现类似的情况。

沟通是只有在说者与听者的共同配合下才能完成的。如果听者是不特定的多数人的话，那么说者会变得不知道该与谁共同配合完成。于是，说者感觉自己没有充分地表达想法，听者也感觉自己没有听得非常明白。

问题的关键在于，就算你希望更多的人理解自己的想法，你也说不出对所有人有效的语言。

“你越想传达给所有人，越不能传达给任何人。”

明白了这一点后，你就需要针对某一个人编织出专门说给他听的语言。

如果能传达给一个人，那么就能够传达给所有人

所以，我尤其注意的事情是，只为某一个人构思语言。当然，这个人，必须是你想要传达给他们信息、情绪的目标群中的一员。若你能尽可能地一边想象这个人的具

体模样，一边构思的话，那么你会自然而然地明白如何说、说什么，才会更容易传达、更容易获得对方的理解。

如果想要传达给所有日本人，可以想象自己面对的是某个好朋友，或是自己的父亲、母亲，进而构思出能够打动他或她的语言；如果是构思女性洗发水的广告语，则可以想象自己面对的是妻子、女同事，或地铁里偶遇的那个坐在自己对面的女子。

这样一来，传达对象的面孔就变得非常具体，你也能更为切实地感觉到“如果这样说的话，应该能引起她的共鸣”“如果这样说的话，未必能打动她”。与此同时，如果是在完全不知道对方长什么样的情况下构思语言的话，那么无论多长时间，你都很难找出说到对方心坎里的标准。

但是，如果有人问我，传达给一个人就真的能传达给所有人吗？答案是“未必”。所以这一点也需要大家注意。构思语言时要清楚地想到对方的面孔，但这些语言能否传达至所有人的心坎里，还需要做客观的判断。

因为社会是个人的集合体，所以每个人都有不同的个性、想法及烦恼。一边想象每一个人的情况，一边构思语言，的确是构思广告文案的理想状态，但是在现实情况中，这种做法根本不可能实现。

所以，先深入思考某一个人的个性、想法、烦恼，想象如何说、说什么能够得到这个人的理解，然后再去验证，看把这一内容传达给更多人时，能否获得同样的理解。

从我个人经验来看，我发现给某一个人留下深刻印象的语句，或者打动了某一个人的文章，通常能够在很多人身上引发共鸣。反过来说，就算是为了得到所有人的理解而写出的某句话、某篇文章，如果不能打动一个人的话，那么也就不可能打动任何人。

就算你需要面对很多人讲话，你依然可以一边想象某一个特定的人，一边以“只要能让他明白就可以”的思路讲话。这，便是构思出能够打动更多人内心的语言的第一步。

在文章前加一句“我有话想对你说”

为了一个人编织语言，然后仔细调查所构思的内容能否被更多人领会。

在实施此步骤前，还需要做一件事情。

这件事情，就是在所说的内容前加一句“我有话想对你说”，确认自己是否会感到不舒服或害羞。如果没有什么不适，就可以继续进行；如果有不适之感，就说明所表达的内容还需要修改或重新思考。

至于为何会有这样一个标准，是因为“语言需要经常让所要传达的对象理解所要传达的内容”。

假设已经事先知道了这一前提的重要性，在构思语言时，人还是会不由地将注意力集中在构思语言这一行为上。

所以，在构思语言的时候，与其想“为了让所要传达的对象理解所要传达的内容而应该怎样”，还不如检查所构思的语言是否满足这一标准更加切实有效。

试着把这句“我有话想对你说”按照句子成分拆开的话，可以分为以下几个部分：

“我有话”：是否是能够断言的内容？

“想说”：是否是内心涌出的想法、真心话？

“对你”：所要传达的对象是否明确？

在句首加上这样一句话，不但可以帮助自己确认这是否是真心话，还有助于判断所说的内容能否打动对方。

我之前所写的广告语，都是在经历了这样一道工序后诞生的。

无论是写信、当面表白，还是演示文稿介绍，结构都是一样的。

希望大家能够把这句话作为判断“自己是否把所要传达的内容恰当地传达给对方”的标准，并灵活运用好它。

> 没有一个人，是拥有平均性特点的人。一边想象某个人的面容，一边预测他的反应。

不用客套话，丰富自己的语言表达

客套话会夺去“你的风格和特色”

日语中有许多客套话。

在政界，表现得尤为突出。

如“对此事深感遗憾”“我会速去速回”“我们会在仔细调查后做出适当判断”“心系国民，全力以赴，妥善处理”，等等，可谓不胜枚举。

像这样使用固定格式的措辞，通常被称为常用套话或客套话。经常使用客套话的不只是政界，在日常生活、职场中，也随处可见客套话的身影。

类似“承蒙您平日里的关照”“很久没联系您了，很抱歉”“今后还请您多多指点，多多鞭策”等，都是固定格式的客套话表达。

想必大家平日里也都在理所当然地使用这些客套话吧。

原因很简单：一是使用这些表达一定没错，给人一种安全感；二是直接拿来就能用，节省时间。所以，很多人都会在无意识中慢慢养成使用客套话的习惯。

尤其在文章的开头、末尾，还有概括总结的地方，这些客套话总是容易被人们信手拈来。因为在写文章或对话时，很容易出现“不知从何说起”“不知如何结束”的情况。使用客套话，这些问题就迎刃而解了。

比如写商务邮件时，无须任何考虑，直接在开头写一句“您辛苦了”“承蒙您平日里的关照”，然后在文末结尾处写一句“今后还请您继续关照”就可以了。

但是，需要大家注意的是，客套话还有一个缺点：因为任何人都可以信手拈来地使用客套话，所以客套话很难表达出说话人特有的情感和想法。从这一点来说，我认为固定形式的客套表达也可称为不包含感情的语言。在文章的开头、结尾这些非常重要的位置，使用毫无感情的语言，未免有些太可惜了。

按这个道理来说，即便在邮件的开头写上一句“承蒙您平日里的关照”也是没有什么用的。这句话并没有实际含义，只是在邮件中多添了几个字而已。因此，即使收件人看到了这句话，也会像没看见一样，直接忽视掉。

所以，我的建议是，把它们换成关于两人之间小插曲的表达。例如，把“承蒙您平日里的关照”改为“您前几天说的那番话，令我受益匪浅”。

像这样，仅仅有意避开先前无意中频繁使用的客套话，换成只有当事人之间能够相互理解的语言，便可以使沟通变得圆润顺畅，无形中拉近与对方的距离。

只有当事人能读懂的“两个人的语言”的效力

沟通，是由说者和听者共同完成的行为。在我们的日常交流中，无论是发邮件还是对话，一对一的沟通是最为常见的。

因为这种情况只是两人之间的沟通，所以避开客套话的表达是比较容易的。毕竟沟通的对象是非常明确的一个人，所以可以边夹杂些只与两人相关的话题，边展开沟通交流。

我把这一方法定义为“两个人的语言”，平时与人对话、发邮件时，我都会注意使用这一方法。下面，我给大家列出几个例句看看。

客套话：

承蒙您平日的关照。

两个人的语言：

谢谢您上周抽时间与我探讨。

客套话：

很久没有联系您了，很抱歉！

两个人的语言：

自我们上次见面，已经过去 3 个月的时间了。

通过把“承蒙您平日的关照”和“很久没有联系您了，很抱歉”改为更为具体的表达，就可以构思出只有当事人才能读懂的两个人的语言。如此一来，原本一眼就被忽略掉的开头，就变成了对两者而言都很有意义的内容。

客套话：

今后还请您多多指点，多多鞭策。

两个人的语言：

下次若能和您在公司以外的地方聊一聊，我会非常开心。

前面的例子，是通过加入一些与两人相关的具体表达，进而构思出两个人的语言。而在这里列出的例句，是为了向对方传达“我还想进一步与您沟通”的想法，所以使用了“在公司以外的地方”“开心”等表达。

当然，使用“在公司以外的地方”这一表达是以“之前只在公司见过”为前提的，所以其中才含有想要进一步加深关系的意思。而且通过加入“开心”这一表达感情的词语，可以让对方明白这不是什么社交中的客套话，而是内心的真实感受。

像这样避免使用客套话，有意使用两个人的语言，将表达变为更贴近自我的表达，才会产生自己的语言。与此同时，这一方法还可以作为在文章中融入自身情感的训练方法，所以希望大家务必在每天的生活中使用这一方法。

不使用专业术语和自己都不理解的词语

在注意客套话和惯用说辞的同时，还希望大家注意自己未曾深入理解的词语和专业术语的使用。

例如，只在某个行业才会使用的专业术语，因为周围人经常使用，所以自己也会在不知不觉中频繁使用这些词语。但是，因为你并未充分理解这些词语的含义，所以讲出的内容较为模糊，容易欠缺说服力。与此同时，当首次听到专业术语的人因不明白而发问时，如果你不能回答清楚的话，反而会给人留下不好的印象。

以近几年较为流行的词语来看，可以举出“PDCA 循环”“制定 KPI”“转换格式”“参与度”“云计算”等例子！除此以外，你还要事先准备好，如何在不用专业术语的情况下，解释清楚自己所在行业、领域的专业术语的含义。

以“PDCA 循环”为例，该词的含义是“通过不断地把各项工作按照计划（Plan）、执行（Do）、检查（Check）、行动（Action）的步骤实施，实现业务的持续发展”。

以更容易理解的方式来解释该词重点的话，则是“不要做完了就撒手不管了，而要不断地检查完善”。虽然这种解释没有详细说明 PDCA 的所有步骤，但足以用来理解其主要内容。

“制定 KPI”中的“KPI”是 Key Performance Indicator（关键绩效指标）的缩略语，整个词指的是制定工作完成情况的判断标准。这也是越想准确表达，越不容易被人理解的典型案例。

若换一种说法，将其变为“用数字表示某项工作成功完成的标准”的话，想必那些不知道 KPI 的人也是能够理解的。

当遇到“不明白其含义”的词语时，不但要记下来并且查清楚，还应该换一种让更多人明白的表达方式。

养成这一习惯后，你会仔细琢磨词语的含义，从而帮助自己加深理解。慢慢地，他人对你的印象，也会从“这个人自己都没理解”变为“这个人理解得很清楚”。

最简化：哪怕一个字，也要尽量削减

先写下来，然后进行修改

写文章的过程，其实是反复删减所写内容的过程。

捕捉脑海中浮现出的“内向语言”，然后将其转化为“外向语言”。例如，写文章时，手突然停了下来，或是写着写着，连自己也不知道该怎么写了。于是，你回过头来翻看前面写下的内容，觉得“或许这样写更容易理解”，然后把某一节或者整篇内容全部删掉，重新写。

我以前也是用这种“边思考，边写”的方式进行创作的。但是，这已经成为过去式了。

我现在采用的方法是，“想好以后，先一口气写下来”，极力避免一边写、一边修改。而检查和修改，我会放在写完整篇文章以后。

也就是说，我会在全写完以后，再重新过一遍。

写文章，是认真识别并连接浮现于脑海的“内向语言”，然后将其转换为文字的过程。所以，完成写作需要两个条件。首先是脑海中有一个想写内容的设计图。其次是决定“开始写”了以后，要尽量跟上脑海中“内向语言”的浮现速度，以最快的速度争取把它们全写下来。

如果写了删，删了写的话，整篇文章看起来如同贴满了补丁似的，到最后反而变成一篇不知所云的文章。

所以，不管是什么样的内容，我都会先把文章写下来，而不是对着电脑敲键盘。而且，我都是从第 2 章介绍的写下“内向语言”的步骤开始的。

把碎片式的、缺乏连贯性的语言罗列出来，客观地分析它们之间的关系，探索涌现出“内向语言”的源泉，以写下来的语言为零件，绘制出整篇文章的设计图。

做到这一步以后，剩下的就只剩写了。

在理清思绪的状态下开始书写，通过语言与思考的相互碰撞，使思考达到前所未有的深度，从而生成新的“内向语言”。在这些偶然出现的“内向语言”消失之前，迅速捕捉它们，并一口气写下来。如果边想边写、边写边改的话，就无法通过语言与思考的相互刺激产生新的想法，从而错失了捕捉只有在当下才能生成的“内向语言”的机会。

所以，应该在绘制完整个设计图以后，再一气呵成地写完整篇文章。

完成提升“内向语言”的词汇量与分辨率的训练以后，就能够开始写文章了。但无论是制作演示文稿、写广告语，还是需要在很多人面前发表演讲，请务必先把脑子里的所有想法一气呵成地写下来。

这么做的原因在于，我曾痛彻心扉地感受过在还没想好说什么的情况下，就坐在电脑前拟稿的危险性。

通过削减，让想表达的内容变得更为突出

其实，回过头来读自己写完的文章时，会发现很多粗糙、重复的地方。有时甚至会灰心丧气地感叹“哎呀，原来我也就写出这种水平的文章啊”。

但是，第一次写下来的文章，说到底也只是文章的骨架而已，所以没必要在意它的通畅性和体裁。但是要关注其中是否含有自己真正想说的话，自己的感受是否通过语言表达了出来。无论语言多么优美、多么通顺，只要没有写出核心内容，那它就称不上一篇文章，充其量也只是文字的罗列罢了。

接下来要进入的是打磨文章的工序。这道工序的基本方针是通过削减进行塑形，我把这道工序称为推敲。

提起推敲，大家的印象或许是一边修改，一边打磨语言的思考过程。但我说的推敲，是通过削减文章中多余的“赘肉”，使核心内容变得更为鲜明的过程。

首先应该削减的，是重复出现的语言。例如“这个”“那个”等指示代词，还有“然后”“但是”等连接词，以及“我”等主语。

把这些反复出现的词语削减至所需要的最低限度即可。因为我们在书写时，是边在脑子里组织语言，边写下来，所以很容易出现大量的指示代词、副词——可以把它们删除。

这样一来，整篇文章就产生了韵律、节奏感，不但变得通顺易读，还使真正想要传达的内容变得清晰突出。

接下来要做的，是将意思相同、但在在文章中出现位置不同的内容换一种说法表达出来。英语将这一步称为“Paraphrase”①，被定位为重要的语言表达能力之一。

---

① Paraphrase，在英语中是“(用更容易理解的文字)解释，释义”的意思。——编者注

实施该步骤时，近义词词典就可以派上用场了。我的所有电脑都装有近义词词典软件。当我发现想要替换的词语时，会立刻使用该软件查找。

虽然最近一些网站也推出了查询近义词的服务，但是因为这些服务只有在网络环境下才可使用，会让人不禁想要网上“冲浪”，所以我一直使用专用软件查询。

当你的脑海里冒出“有没有相同含义的其他词语”“有没有更为贴切的词语”等疑问时，不妨试用一下网络上的近义词词典。因为网上提供的服务有好几种，你可以比较一下，然后把自己认为最便于使用的网站添加在书签中。

删除只有自己钟情的词语

最后要删除的，就是自己犹豫究竟是该留下，还是该删除的那部分内容了。

虽然这一步是推敲这道工序中最有难度的地方，但是，对于我犹豫“这里有没有留下的必要”“这样写是否有些画蛇添足”的部分，我会首先尝试将其删除。

在关于语言的误解中，最常见的当属“解释得越详细，越容易让对方明白”这一点！

其实，解释得越详细，反而越容易让人搞不明白。因为在接受过量的信息时，人们容易陷入思考停滞的状态。

虽然很多人都有过这样的经历，但还是愿意在认真而又详细的解释上煞费苦心。所以，在我们的日常生活中，每天都在发生着信息量越大，听众反而越听不懂的情况。

所以，我把那些让人犹豫到底该不该删除的部分，视为“自己独有的钟情”。当然，对于文章的表达，有自己的钟情之处固然重要，但如果是让对方无法理解，或者无法感觉到其意义的内容的话，与其拘泥于自己的思考，不如选择便于对方理解的方法。所以，你要鼓起勇气，大胆地删除让你犹豫的内容。

删除了这些内容以后，文章通常会变得简单直白，核心内容也会变得更为突出。说白了，就是剔除废话，车轱辘话，使整篇内容变得干净利落。

删除了这些内容后，如果感觉文章有些欠火候的话，把文章恢复为原样就可以了。修改的重点不是通过反复的细微调整给文章打补丁，而是以更为广阔的视野实施大幅修改。

节奏的重要性：先好好写，再张口说

所有人，都在用“内向语言”读文章

不仅是说话的语言，书面语言、打字语言的重要性也正在日益提升。

想一下我们的日常生活，上班族每天都要写企划方案，出席会议或参加讨论时还需要记笔记，写会议纪要。

大学生则需要写论文，如果加入某个学术研讨会的话，还需要提前准备好展示用的演示文稿资料。

此外，经常写博客或者使用 SNS 的人，也要通过打字向社会发出自己的观点。

因为这些书面语言、给别人看的语言，都可以通过很简单的方法变得更易于他人理解，所以希望大家都能尝试这个方法！

这个方法就是，读一遍写下来的句子和文章。

或许有人会想“什么？就这么简单”！但这一方法有助于提升语言的传达效果，其实是有确凿依据的。这一依据与本书的主题“内向语言”，有着非常密切的联系。

读文章时，所有人都会使用“内向语言”在脑海中

朗读。

或许正在看本书的各位读者并没有意识到，事实上，当你们的双眼掠过书中文字的时候，你们的脑海其实已经处于用“内向语言”朗读的状态。

当然，你们未必一字不落地朗读了每一句话，但是对于你们认为“这里很重要”的部分，或者因为在意而反复阅读的段落，十之八九，你应该都在使用“内向语言”朗读。

在第 1 章的内容中，我把思考的过程定义为产生“内向语言”的过程，那么读书的过程，也就成了发出“内向语言”的过程。

无论是为了展示的练习，还是在演讲、会议上的讲话，接受面试时的问答，在需要出声发言时，我想很多人都会拿着稿子反复朗读练习。可是，对于书面文章或者电脑、手机打出的文章，想必很少有人会发声朗读吧！

正因如此，我希望你们能够从今天开始，认识到“人们在用‘内向语言’阅读所有文章”，并且试着发声，朗读一遍自己构思的语句或文章。

发声朗读可以帮助我们判断对方用“内向语言”阅读

时，所写的内容能否顺畅地传达到对方的心里去，还可以帮助我们发现书写、打字时意识不到的毛病。

难读的语言，走不进心里

写完整篇文章后，通读一遍，然后再修改。反复推敲的过程，可以提升文章的完成度。

然后，出声朗读文章，这时你会发现一些不太易读的地方。虽然在电脑屏幕或 A4 纸上看时未必能感觉到，但出声朗读时，你会发现有些地方有点拗口。

于是你又静下心来看了一遍文章，发现它的文字排列并没有问题。

遇到这种情况时，我想多数人都会判断文章已经大功告成了。可我会推敲、修改那些语法上没有问题，读起来却有些拗口的地方，使其变得朗朗上口。

原因在于，当你怀着饱满的情绪用“内向语言”读文章时，突然遇到哪怕一处难读或卡壳的地方，都可能将你原本饱满的情绪瞬间击溃，而原本高度集中的注意力也会因此分散。从那一刻起，文章的内容便已不会走入你的内心了。

你是否有过自己非常想读懂某篇文章，却突然从某个瞬间开始，看不懂文章所写的内容，体会不到文章想要表达的情绪的经历呢？其实这种现象很容易在你感觉哪里有些拗口，或是用“内向语言”阅读时感觉哪里不太通顺的情况下出现。

就算不存在理论的跳跃、前后不搭、相互矛盾等内容方面的问题，也有可能发生这种情况。

即使是给对方看的文章，对方也会在浏览文字的同时，用“内向语言”在心里默念。所以，希望大家写完一篇文章后，一定要试着出声朗读，确认一下是否存在读起来拗口的地方。

注重动词，使文章生动

动词体现意志

虽然写文章时有几个需要注意的地方，但大多与写文章或句子时的心理准备息息相关。其中有且仅有一个是在我挑选词语、检查行文时作为方法论实践的方法，它就是注重动词的使用。

从结构来看，日语中的动词大多出现在句尾，所以多数情况下，动词不但决定了文章给人留下的印象，还体现着所表达语言的认真程度。

英语中，通常是主语在前，接着是动词，随后是间接宾语、宾补、表语等。因为“谁做了什么”出现在句首，所以即使理解不了后文的内容，只要能理解句首的含义，也就能大体把握整句话的内容，这便是英语的结构特色。

试想一下英语中常见的S+V+C（主语＋动词＋宾语补足语）、S+V+O+C（主语＋动词＋宾语＋宾语补足语）句式，就会明白英语中通常是主语、动词在前的道理了。

而日语中的动词则几乎都出现在句尾。无论主语之后的内容有多长，含有动词的谓语也都是在句子的最后部分出现的。

下面，让我们以“我在这条路上全速奔跑”为例，一起来看一下吧！

句中的主要结构是“我奔跑”，此外还通过加入状语“在这条路上”以及修饰语“全速”来进一步表达具体情况。

多数情况下，人们喜欢通过在“全速”这一修饰语上做文章来提升文章的生动性。但是，丰富修饰语，不但会使句子变得越来越长，还会无意中使用一些死板的套句、套话。

原文：

我在这条路上全速奔跑。

注重修饰语：

我汗流浃背地在这条路上奔跑。

我不顾一切地在这条路上奔跑。

我喘着粗气地在这条路上奔跑。

加入这些修饰语后，句子的气势、气氛可能会发生一些变化。因为“汗流浃背”“不顾一切”“喘着粗气”都是表现拼命程度的固定表达，所以加入这些词语以后，句子的意思发生了很大的变化。

相反，如果在动词上做文章的话，又会发生怎样的变化呢？

原文：

我在这条路上全速奔跑。

注重动词：

我在这条路上飞奔。

我在这条路上疾驰。

我在这条路上风驰电掣。

上述几个例句，不但用一个词表达出了“全速奔跑”，还因为突出了句尾，给人留下更为深刻的印象。比起直接写出“奔跑”，使用这些动词反而容易给人留下“他可能全速奔跑了吧”的印象。

其实，如果在自己写文章时多列出几个备选动词的话，会更容易找出契合自己想要表达内容的词语。反复这一过程，还可以提升自己语言的分辨率。

真实体验有助于增加内向语言中的动词数量

如今，我强烈地感觉到动词正在衰退。

环顾我们的日常生活，我发现把“英语＋する[①]”作为

① 做……动作。——译者注

动词使用的情况非常多见，当然，我自己也经常这么用。

比如“game する”“control する”“commit する”“takeout する”“check する”，等等。换成日语词汇的话，则依次为“玩”“控制”“约定”“打包”“确认”。

虽然我不得不承认在当今社会，前者更易于表达，但在想要认真表达出自己的某种情感时，突然冒出一句外来语，听众会作何感受呢？如果我是听众的话，那一瞬间一定会跳戏。

我想，日语自有动词日渐衰退的根本原因，或许在于人们的真实体验正在逐渐减少。

本来，语言就是在人类的社会生产过程中产生的。

在以打猎为生的年代，出现了群居、射箭、猪宴等词语。进入农耕时代以后，人们开始从事农业劳作，耕地、播种、插秧、收割等与之相应的动词也应运而生。而在战国时代[①]，则出现了谋划、攻略、伐谋、王权等词语。

因为生活、行为方式发生了变化，所以人类才创造了新的动词，然后丰富并使用至今。

---

① 日本的战国时代（1467—1585 年或 1615 年）一般指日本室町幕府后期到安土桃山时代的这段历史。——编者注

与过去相比，我认为现代生活中这样的体验正在逐渐减少。

因为生活节奏变快，所以不再于途中闲逛。

因为每天都在不停地刷手机，所以无暇仰望蓝天。

因为随时随地都可以联络到心爱的人，所以不再为他或她焦虑不安。

因为与大自然接触的机会变少了，所以鲜有受伤。

因为生活被工作填满，所以忘记了该如何开怀大笑。

随着这些体验逐渐减少，动词的形象变得日益模糊，所以才引发了某些动词词汇能力的衰退。

所以，尽可能地丰富自己的体验，尤其是那些日常生活中体会不到的体验，有助于提升动词等所有词汇的数量。

不过，有一点需要注意的是，要有意识地关注尝试新体验时，自己的脑海中会浮现怎样的词语。人一旦做了自己之前未做过的事情，就会使大脑受到相应的刺激，产生新的感情，并以“内向语言”的形式表达出来。

认真对待每一个新产生的“内向语言”，可以让这些生动的动词和语言变为自己的一部分。

就算你知道很多词语，了解这些词语在字典中的正确含义，但如果不知道自己该在什么时候使用这些词语的话，就毫无意义。所以，一定要通过真实的体验，了解世界上存在的词语的真正含义，使其变为自己能够灵活使用的语言。

| 扩充体验的范围，有助于使用丰富的动词。 |

含义的发明，创造崭新的逻辑关系

词语的含义会随着时代改变

所有词语都是有含义的。

当我们看到陌生词语时，通常会翻阅词典，了解该词语的含义与正确用法。词语在词典中的含义，其实都是词语出现时所含有的本质性含义。

但是，词语的用法和给人留下的印象，是会随着时代的变化而变化的。

“全然”一词的用法变化，就是一个很容易理解的例子。这个词语原本的用法是“全然……不……”，通过与否定表达的搭配使用，达到加强否定语气的效果。但是，如今这个词语的后面未必跟的是“不……”的否定表达了。例如“全然没问题”“全然可以”，等等。

在含义发生较大变化的词语中，“适当”也是一个颇具代表性的例子！它原本的含义是“合适、妥当”，如今表示“不彻底、不明确”的否定色彩更为强烈。如果想表达“会好好做某事”，但说了一句“我会适当地做”，可能会被对方反问“适当地做是什么意思”而引发争执吧！所以即便说者使用了正确的用法，但如果听者理解为相反的含义，那么这样的沟通也是不成立的。

虽然哀叹“词语乱象”并非难事，但词语的含义会随着时代发生改变的确也是不争的事实。因为随着互联网、智能手机的普及，人们的沟通方式发生了翻天覆地的变化，媒体所处的大环境也发生了改变，所以媒体所用词语的含义、形态不随之发生改变是不可能的事情。

重点在于，我们能否对词语含义的变化秉持乐观的心态——虽然新用法是误用，但不是无视新的含义与用法，而是采取接受这种不明确用法的态度。

人，用词语思考，用词语表达，用词语沟通。词语的变化，会进一步带来概念、价值观的变化，甚至可能使世界变得更加自由。

我想在此介绍一个通过积极刷新词语含义，赋予词语新含义的方法。该方法不但可以扩充词语的含义，还可以给词语发明出新的含义。

下面，我就来具体介绍这一方法。

通过“……也是……”，给词语起一个新名字

给词语发明出新的含义，其实有一个非常简单的方法，即给词语起一个新名字。说得再具体一些，不是针对对象物本身所具有的价值，而是赋予它一个新的作用。

这个方法非常简单，只需在“……也是……”这一句式中加入两个词语即可。虽然方法很简单，但它的确可以给词语发明出新的含义。如果添加在句中的两个词语的含义完全相反，那么所发挥的效果会更明显。

下面请看几个例句。

“学生，也是老师。”

虽然老师与学生的关系原本是教与被教的关系，但老师也能从学生身上学到很多东西。通过逆转两者之间的关系，可以赋予这个词崭新的含义。

像这样把两个含义相对的词语放入“……也是……”的句式中，就可以给词语起一个新名字。所以，我把这一方法称为“命名法”，也是我想要打破以往常识，创造出崭新概念时会使用的方法。

理解了这一句式以后，就可以一边想象自己想写、想表达的内容，一边套用“……也是……”的句式。

“大人也是孩子。”（大人也有像孩子那样的好奇心和玩心。）

“工作也是游戏。”（若能怀着快乐的心情工作的话，那么工作也会变成一场快乐的游戏。）

“语言也是武器。”（为了使沟通变得更为顺畅，语言从中发挥着非常重要的作用。）

“贪婪也是优点。”（如果把贪婪理解为好奇心旺盛的话，就变为了好的含义。）

正如大家从这些例句中所看到的那样，起新名字时，选择一个与之前印象完全相反的词语，效果会更明显。若再补充一些内容的话，就变为一句完整的话了。

“学生，其实也是老师。”

“大人有时反而更像个孩子。”

“工作其实就是一场游戏。”

“会说话将成为你的有力武器。”

“贪婪是我的优点。”

当你希望得到新的发现或者渴望找到打破先例的新观点时，不妨想一下“……也是……”的句式，相信一定会有崭新的发现。而当你发现新的逻辑关系后，只需再给文字修饰润色一番，就可以使其变为更能打动人心的句子了。

名字改变以后，意识变了，常识也变了

想必大家已经明白可以通过使用“……也是……”这一方法创造出具有崭新逻辑关系、含义词语的道理了。但

是，我真正希望大家通过这一方法收获的，并不是语句本身，而是通过新产生的词语改变我们的意识，刷新我们的常识。

比如“学生也是老师”这句话，我会把它理解为成功地把之前未曾想过的价值观清晰地展现了出来。

在此之前，一直拥有“学生就应该听老师的话”这一价值观的老师，以这句话为契机，开始反思“我的确也从学生身上学到了很多”，从而有可能因此大幅改变自己对学生们的态度。

其他的例句也能发挥同样的效果。

前文列举的例句可以使我们从“大人必须有个大人样”这一死板的观念中解脱出来；帮助我们发现“原来工作并不一定都是严肃认真的，也可以是轻松快乐的”；让某个人重新认识语言的作用；让那些有一个贪婪孩子的父母发现，原来这种性格也是一种优点。

当然，这里举出的例子，都只是单纯的语言。但是，能够发明出崭新意义的语言，其实已经拥有了超越于语言之外的力量。

通过这一赋名法，从很大程度上改变自己或他人态度、心情的案例还有很多很多。

例如，史蒂夫·乔布斯经常把自己公司的工程师称为“艺术家”，以此说明他们从事的工作是何等的细致且富有美感。

“最厉害的发明家、技术工作者，其实都是艺术家。”

想必听到这句话的技术人员定会深受鼓舞，同时发现自身工作的新价值吧！

还有，迪士尼乐园把工作人员称为“演员”，也带来了同样的效果。虽然工作人员只是普通的员工，但是被称为“演员”之后，他们就能体会到在迪士尼乐园这样一个宏大的舞台中工作的意义与骄傲。麦当劳、塔利咖啡也把员工称为Crew，意为乘务员、船员。

在商务领域，若能把客户、合作公司重新定义为同一个项目的合作伙伴，也能取得同样的积极效果。称为客户、合作公司的话，那么彼此之间就认为是订货方和发货方的关系；称为合作伙伴的话，就可以构建一种站在同一立场、携手朝同一个目标努力的关系。

说到底，起一个新名字也只不过是一个方法而已，但因此带来的效果却是不可估量的。所以记下这个方法。对大家来说，肯定是没有坏处的。

提高含义的分辨率，区别似是而非的词语

简单化也会有所失

化繁为简，可以把想说的话转化为易于任何人理解的形式。

这种俯瞰事物的能力，在任何领域中都是非常重要的。从商务领域来说，就是正确梳理庞大信息，归纳总结会议、讨论概要的能力；在家庭生活中，则是依据轻重缓急，给杂乱无章的家务事进行排序的能力。

化繁为简，可以帮助我们处理每天降临在自己身上的各种问题。

但是，从表达自己想法的角度来说，简单化也可能带来副作用，所以希望大家能够注意这一点。

大家是否有过这样的经历呢？

“明明花了大量精力与时间写文章，可是所写的内容总感觉像在哪里看到过或听到过。”

把事物过度简单化，其实是引发这一现象的原因

所在。

即便是无比感人的爱情小说，如果删去一切详细的描述，只简单地概括为“这是一个女子深深爱上一个男子，可是该男子不幸患上不治之症的故事”的话，想必谁也不会为此感动的。

在讲述一位通过某项发明一举改变世人生活的伟大人物的生平时，若只省略为“正是付出了呕心沥血的努力，他才取得了成功”的话，听众根本感觉不到他为此付出了多大的努力。

简单化，的确有提高易理解程度的优点，但是，删除详细描述有时也会失去吸引他人的信息。以爱情小说为例，正是因为有了主人公等出场人物的成长背景、人物关系等相关前提，才让读者产生了共鸣；以讲述伟人生平为例，正是因为类似这些详细描述的积累，才使得读者内心的感受慢慢发生了变化。

所以写文章、表达想法时，需要注意的重点是，避免过度的简单化。

会产生“仿佛在哪里看到过、听到过”的感受，并非想法本身存在问题。在大多数情况下，省略了突出自己特色的详细信息，才是导致出现这一感受的真正原因。

为了避免这种情况发生，首先要把自己的想法一字不落地写下来，然后通过删减，使想要表达的内容变得更为鲜明，之后再细细品味每一个词语，尽量做到恰到好处。下面，我想谈谈区别似是而非词语的重要性。

提高词语“含义”的分辨率

因为删减内容使文章变短的话，字数也会随之减少，所以信息量也必定会出现一定的减少。但是，毕竟删减部分词语的目的在于提炼句子、文章的主要内容，所以并不是胡乱删减字数就可以的。

重点在于让文章、句子中的每一个词语都拥有含义，并且提高含义的密度。

我具体采用的方法是，区别使用似是而非的词语。

因为人与人之间的感性差异主要取决于内心的敏感程度，所以我会去关注拥有相近含义的词语，避免含义的同质化，并尽可能地找出它们之间的不同。如此日积月累，不但能够提高自己对词语的敏感程度，还能使你更加清楚地认识眼前发生的种种现象，优化价值观。

我在下文中归纳整理了一些自己区别使用的词语。区别这些词语，并不是为了区别词语本身，而是为了帮助自己提高词语含义的分辨率。

知识与智慧：

知识，表示知道的状态。智慧，表示可为己使用的东西。仅把知识装入脑子里是不够的，亲身实践知识，才能使知识变得更有意义。

评价与评论：

评价是得到的，评论是发生的。评价是由评论积累而成的，但一味追求评价的话，就会迷失原本的目的。

问题与课题：

问题是已经发生的状态，课题是持续引发问题的真正原因。不要被问题迷住双眼，应该探究课题。

消除与解决：

消除是使负变为零，解决是使负变为正。消除问题和解决问题看似相同，但其实拥有完全不同的含义。

性质与本质：

所有性质都是由本质而生的。这两个词的关系同问题与课题的关系相近，因为人往往容易把目光集中在表面的性质上，所以要明白看清本质才是最重要的。

会议与议论：

只相互谈话的是会议，相互碰撞意见的是议论。虽然开会能让人放心，但没有议论的会议毫无意义。

牢骚与意见：

牢骚只是否定，意见则是进步的契机。两者的区别，不仅是说者的问题，还取决于听者的态度。

妥协与总结：

妥协是相互让步之后总结出意见，总结是讨论到最后决定意见。虽然两者的结果是一样的，但过程才是最重要的。

顾客与独客：

顾客指工作上的交易方、消费者组成的集体，独客指其中的每一个人。因为顾客是独客组成的集合体，所以工作时要时常为每位独客着想。

意图与意义：

意图是必须做某件事情的原因，意义则是积极原因。对于自己做的事情，不仅要有意图，还要能讲出意义。

工作与使命：

工作是劳动本身，使命则是自己通过工作想要实现的事情。我认为工作的使命，在于通过工作使社会、生活变得更好。

规则与道德：

规则是应该遵守的条例和章程，道德是约束自己的行为规范。我想通过提高自己的道德水平，过上不被规则束缚的生活。

上述词语，是我比较重视的似是而非的单词表。若能像我这样把似是而非的词语清楚地列出来的话，就会更清楚自己重视的是什么。

关键在于制作一个只属于自己的似是而非的单词表。例如，当你产生“谦虚和消极是似是而非的词语吗”这一念头的瞬间，不要只是在脑子里记录答案，还要养成认真记笔记的习惯。

当你积累到一定程度以后，自己所珍视的价值观便会自然而然地跃然纸上，“内向语言”的词汇量、分辨率也会随之增多、提高，思考也因此变得更为深入。最后，你的感情发生了变化，选择的单词也发生了变化，表达出的“外向语言”也变得越来越有质感。

结束语

产生词语需要的是动机。

动机越大，想要传达给对方的使命感越强，越能更精准地、毫无遗漏地把自己的想法用恰当的语言表达出来。

在本书的最后，我想和大家谈一谈，是一个怎样的契机，让我产生了想要把书中内容“转化为语言”表达出来的想法。

这个契机是，我的身边出现了很多年轻朋友。虽然从公司的角度来说，我应该称呼他们为后辈，但我心里并没有把他们当作后辈，而是当作充分呼吸了现代新鲜空气的新朋友。

在和他们接触的过程中，我并没有从他们的思考中，察觉到丝毫年轻带来的浅薄，反而都是脚踏实地的深思熟虑。但是，我也看到了他们不知道该如何把自己的想法表达出来的困惑与迷惘。

每当我看到他们困惑不已的样子时，心里都会产生一个强烈的念头——我必须把自己如何将内心想法转化成语言的方法系统化地归纳总结出来。当然，这一方法并不是技巧、技术等表达诀窍，毕竟语言是一种反映当事人人格、信念等个性的事物，不能“光凭嘴上功夫”彰显自己，因为就算以此得到他人的认可，也没有任何意义。

不能用语言表达出来，与没有思考到能用语言表达出来的程度是一样的。所以，若没有人能给他们提供一个能达到用语言表达出来的思考方法的话，他们就不可能达成目的。基于这一想法，我拟定了本书的框架。

多年以后，当他们或她们有了新朋友时，若能一边回顾本书，一边结合自身实践重新归纳出一套新方法并且分享给下一代人的话，我将会再高兴不过了。

对于陪伴我完成此书创作的日本经济新闻出版社的纲野一宪先生，除了感谢，我真找不到合适的词语了。为了展现出我最为真实的想法，在我创作的同时，他陪我苦思，与我反复讨论与修改，尤其涉及我专业领域的内容，那股子较真劲儿就更强烈了。所以，想必纲野先生一定吃了不少苦头，但他依然孜孜不倦地给予我等晚辈指导，真是难能可贵。

设计师河内春光先生，以及广告文案撰稿人坂本弥光先生分别对本书的装帧与设计、内容等提出了很多宝贵意见。此外，也谢谢给予我充分理解并且一直在背后默默支持着我的妻子、猫和家人。借此机会，向大家表示由衷的感谢。

梅田悟司
2016 年 8 月

参考文献

[1] 丸谷才一,(1995)《文章读本》中央公论社.

[2] 濑户贤一,(2002)《日语的修辞》岩波书店.

[3] CNN English Express 编,(2008)《商业的魅力 · 采访 CD 系列 13》朝日出版社.

[4] Impact 编,(2011)《充满活力的名言 · 座右铭 1500》,永冈书店.

[5] 西东社编辑部编,(2014)《一定会遇见！改变人生的 2000 句话》,西东社.

[6] 梅田悟司,(2015)《策划人的三策》,日本经济新闻出版社.

[7] 西东社编辑部编,(2016)《工作观变了！职场名言 550 句》西东社.